村田らむ

ホームレス消滅

GS 幻冬舎新書

591

はじめに
この国の最底辺で生きるホームレスたち

長かった昭和の時代が終わったのは、今から30年以上も前の話。そして、平成も終わり、時代は令和となった。

２０２０年代には通信環境が飛躍的によくなる５Ｇ（第5世代移動通信システム）が社会実装される。ＶＲ（仮想現実）やＡＲ（拡張現実）、あらゆるものがインターネットにつながるＩｏＴ化など、通信ネットワークによって社会は変わっていくのだろう。

しかし、この国には、そんな通信革命とは無縁といえる環境に暮らす人たちがいる。路上生活者、いわゆるホームレスだ。２０１９年1月時点で、日本全国で４５５５人のホームレスが確認されている（ホームレスの実態に関する全国調査結果）。彼らはスマホはもちろん、ガラケーの所持率さえ高くない。

日本国憲法第25条の第1項には「すべて国民は、健康で文化的な最低限度の生活を営む権利を有する」と書かれてある。いわゆる生存権といわれるものだ。しかし、彼らが寝泊まりする路上には、インターネットはおろか、電気、ガス、水道というインフラが十分には備えられていない。社会福祉も十分に受けていないわけで、端から見れば、彼らは「健康で文化的な最低限度の生活」を送っているとはいえないのだ。本章でも触れるが、彼らの中には、食料や住居環境、衛生面で悩みを抱えている人や、体調に不具合を抱える人が少なくない。仕事による収入があるホームレスの月額の収入は平均で約3・8万円（2016年のホームレスの実態に関する全国調査〈以降・生活実態調査〉）。これで家賃を抜かした食事や生活必需品、医療、娯楽をすべて賄うのは、普通に家で暮らしている我々にも無理がある。

しかし、そんな状況にもかかわらず、ホームレスの人たちは、結果的とはいえ、生活保護等の福祉に頼らず、路上生活を続けている。

「なぜ令和のこの時代に、彼らは最底辺の路上生活を続けるのか」

この本を手に取った方であれば一度は抱いたことがあるだろう〝問い〟に答えるため、そして「ホームレスはいったいどんな人たちで、どんな生活を送っているのか」という〝興味〟としかいえないものに答えるために本書を執筆した。

また、新型コロナウイルスの感染拡大によって延期となり、２０２１年夏に開催予定となった東京オリンピック・パラリンピック、そして２０２５年に開催が予定されている大阪万博という2大ビッグイベントを前に、「ホームレスは排除されるのか？」ということが気になっている人もいるようだ。しかし、メディアの取材でこのような質問を受けるたびに「その質問は少しズレている」と思いながらも、取材を受ける時間や答える手間を考えた結果、詳細を語れずにいた。本書では、この2大ビッグイベントとホームレスの関係についても、詳しく述べたつもりだ。もしそのようなことに少しでも興味や疑問を抱いていたとすれば、読み進めるうえでいくらか納得できるものが書かれていると思う。

なお、本章に入る前に、僕が描き出すホームレスについては、以下のような特徴があるということを予め述べておきたい。

僕の取材方法は直接彼らの居住地を訪問し、対面で話をするスタイルである。そのため、定住、または同じ場所で就寝するホームレス（これを「定住型ホームレス」と呼ぶ）が中心になる。たとえば、都心部の公園に小屋を構えたりテントを張ったりして生活する人たちや、道路や駅舎周辺に段ボールハウスを作って寝ている人たちだ。

こういう定住型ホームレスは、ホームレス生活を今後も続けていくと覚悟している人が多い。とくに、しっかりとした小屋を構えている場合は、強制撤去されない限りは住み続けようと考えている。

この定住型ホームレスが取材対象者であることも関係するが、彼らはほぼ無職か、職業があれば廃品回収（主にアルミ缶回収）をしているケースが圧倒的に多い。アルミ缶回収業は手ぶらでできるわけではない。缶を載せて運ぶ台車や自転車が必要になる。しかもどこに空き缶の回収場所があるのか、そのルートを知らなければならず、寝床が決まっていない路上生活者（これを「移動型ホームレス」と呼ぶ）には、なかなか務まらない仕事なのだ。

移動型ホームレスは、僕の取材の方法もあってか、あまり出会わない。ただし、最近では公園や高架下に小屋やテントを建てられなくなっているため、毎日街をさまよい寝られそうな場所で眠るホームレスもけっこういることは指摘しておく。さらに、車上生活者、ネットカフェやサウナ、またほぼ24時間やっているファストフード店を主に寝床としているような路上生活の瀬戸際で暮らす人もいるが、彼らも基本的には僕の取材範囲外だ。

　また、それとは別に、元ホームレスだった生活保護受給者が多く住んでいる簡易宿泊施設が集まる、通称「ドヤ街」も定期的に取材をしている。有名どころでいえば、大阪の西成や東京の山谷などだ。

　ドヤ街周辺で取材させてもらう人は、ホームレス以外にも、定期的に開催される炊き出しに集まってくる貧困層、ドヤ街内に定住の寝床を構えている生活保護受給者、また取材時はすでに生活保護を受けていて他の地域のアパートに住んでいるがホームレス時代の知人に会いに来ている元ホームレスの人などが交ざっている。この人たちの場合は、もともとはドヤ街で日雇い労働の仕事をしていた人が比較的多い。

　しかし、２０００年代には、日雇いで生計を立てている人もけっこういたのだが、２０１０年代に入ってからは、「ドヤ街で募集される日雇い仕事が減った」と語るホームレスが増え、仕事においては、やはり無職か廃品回収を主な生業としている人が多くなっていた。日雇い仕事が見つかった時は日雇い仕事をして、そうでない時は廃品回収をして糊口をしのいでいる「掛け持ちホームレス」もいる。

　まず、こういった取材のフィルターがかかっていることを予め申し上げておく。ただ、そのうえで、僕がこれから描き出すホームレスが、日本に現在いるホームレスの人たちとかけ離れてはいないということも、読み進めていくことでわかっていただけると思う。

また、取材時は、調査機関のようにアンケート用紙を用いることはない。普段着で話しかけ、世間話をしながら、仕事の状況や生活の状況をざっくばらんに聞いている。統一的な質問をしていないので、そういったデータを取っているわけではないが、このような取材をすることで、国や自治体の路上生活者の調査データでは見えてこない彼らの姿も見えてくる。

たとえば、先の２０１６年の生活実態調査の結果を見ると、路上生活になった理由に「飲酒・ギャンブル」を挙げている人は８・９％しかいない。しかし、実際に話を聞くと、手に入れたお金すべてをアルコールに変えてしまう人は少なくなかったし、アルコールに逃げた結果、仕事にあぶれたという〝武勇伝〟を語る人も多かった。またホームレスになってなお、ギャンブルをしている人も多い。少なくとも、８・９％以上の人が「飲酒・ギャンブル」が原因でホームレスになったと思えるのだ。

僕はアカデミックな立場や公的な立場でホームレスを取材しているわけではない。そのため、本書を通じて、今挙げたような調査データとはズレたことを指摘することもある。

ただ、それらとズレたからといって、それが間違いとも限らないと思っている。本書ではなるべく自治体やホームレスの関連団体、支援団体の調査データも併記したが、僕が20年にわたって彼らを取材してきたルポルタージュを中心に構成した。

僕の立場については、あくまでホームレスに話を聞かせてもらうだけのものであり、国や自治体の福祉サービスを彼らに斡旋したり、NPOや救援団体につなげたりといった支援活動は彼らが望まない限りは行なわない。また、そういった諸々の団体の人と深い付き合いをしているわけでもない。取材をする身として、常にそういった人たちとは一定の距離を保ちながら接している。個人で取材をしているため、どうしてもフィルターはかかってしまうが、なるべくどの団体にも肩入れをしないようにしている。

この国の最底辺で、令和の今もしぶとく生き続けるホームレスたち。本書を手に取った動機がどんなものであれ、そんな彼らについて少しでも知ってもらうことができれば、著者としてこれほど嬉しいことはない。

ホームレス消滅／目次

はじめに　3
この国の最底辺で生きるホームレスたち

第1章　日本のホームレス　19

物乞いでいくら稼げるか？　20
本当は怖い「軽犯罪法第一条」　23
はたらくほーむれす　25
アルミ缶回収を13時間やって稼いだ金額　28
盃ひとつで50万円稼いだホームレス　31
路上で売っている100円雑誌の正体　34
街路樹のギンナンは誰のもの？　36
ホームレスの懐事情　38
ホームレスがロックバンドのTシャツを着ている理由　39
ホームレスは足元を見ればわかる　41
稼ぐためにホームレスを装うホームレス　43
ボロボロの服を着た臭いホームレス　45
ホームレスと障害　48

ホームレスは歯が悪い 51
ホームレスとアルコール 52
残飯を漁るホームレスの今 56
ホームレスに炊き出しを出す赤い十字架の教会の正体 58
炊き出しに並ぶホームレス以外の人 60
クッキングホームレス 61
ホームレスの家族関係 63
真冬の池袋にいた女ホームレスの職業 65
上野公園の女ホームレスがテントから持ち出したもの 69
ホームレスと読書と図書館 71
ギャンブル天国のホームレス 73
「段ボーラー」「ブルーシーター」のホームレス 76
繁華街での小屋掛け、辺鄙な場所の廃屋 80
ホームレスが死亡するとどうなる? 83
ドヤ街の夏祭りとホームレスの死 86
ホームレスより怖い中高生 88
ホームレスの敵「マグロ」とは? 90
ホームレスを熱海に連れ去った病院 92

ホームレスが訝しがる「病院手配師」 94
ホームレスを食い物にする貧困ビジネス 96
70年ほど前のホームレスはどう見られていたか 99

第2章 ルポ・日本のドヤ街 103

日本のドヤ街の形成 104
日雇い労働者の街兼ホームレスの街 107
山谷が盛り上がる朝、盛り下がる昼 109
山谷のドヤ事情 111
漫画『あしたのジョー』に出てくる玉姫公園のリアル 112
袋にナイフをしのばせて 114
異様な空気を放っていた「いろは会商店街」 116
ドヤ街と風俗街 118
令和時代の山谷を歩く 120
日雇い労働というエンジンの止まった街で 122
ノミ屋が堂々と営業していた街・寿町 125
神奈川にあるもうひとつのドヤ街 128

すでに沈んでいたドヤ街 130
生活保護の街からインバウンド客を狙う街へ 131

第3章 日本最大のホームレスタウン 西成消滅の現実度 135

ホームレスは西高東低 136
国道43号線を渡ると異世界だった 138
時計の針が止まったままの三角公園と四角公園 140
夕方に路上に現れる怪しげな人たち 144
「泥棒市」で売っているもの 146
日本一武闘派な警察署 148
平成に起こった西成の暴動 151
西成最大のランドマークタワー・あいりん総合センター 154
西成の街中で募集していた焼き鳥屋の仕事に行ってみると 157
時給50円、1日21時間労働の世界 159
あいりん総合センターとハローワークの違い 162
あいりん総合センター閉鎖から見る〝西成浄化計画〟 164

橋下徹の「西成をえこひいき」 166
外国人観光客が街のホームレスを駆逐する 168
ホームレスの「西高東低」は崩れていくのか 171

第4章 東京五輪
そしてホームレスは見えなくなった 175

1990年代以前にもいた新宿駅西口地下街のホームレス 176
都庁移転で一気に政治化した「ホームレス」問題 179
街にはびこる排除アート 183
ホームレスの多くが〝見える化〟していた時代 184
ホームレスの前に上野公園を占領していた人たち 186
ホームレスの住みたい上野公園地区ランキングトップは? 188
不忍池のホームレスは人見知り、西郷隆盛像のホームレスは柄が悪い 190
働き者の上野公園のホームレスたち 193
上野公園のホームレスが従う「山狩り」とは 195
激減した上野公園のホームレス 197
公園の奥地でひっそりと暮らす代々木公園のホームレス 199

ナイキ公園化でクローズアップされた宮下公園のホームレス 201
宮下公園で反対運動を展開した活動家とホームレス 203
日雇い労働者の街としても有名だった高田馬場 207
新宿中央公園のホームレスがゼロになった年 211
「ホームレスは皆やりたくてやっていた」のか? 215
うまくいっていなかったホームレス自立支援システム 218
東京オリンピックとホームレス 221
ホームレスが希望を目指しエクソダスする河川敷 225

第5章 ホームレスが逃げ込む終着点 231

河川敷に住むホームレスとは? 232
ホームレスが選ぶのは国が管理する河川 236
都市に寄生するホームレスが河川敷を選ぶ理由 240
東京の河川敷に形成されているホームレス村 244
多摩川河川敷のあるホームレス村の場合 245
淀川河川敷のホームレスは〝ポツンと一軒家〟派 253
3LDKや2階建ての小屋もある 259

河川敷で流通する〝中古物件〟 260
ホームレスの楽しい農園ライフ 263
「健康で文化的な最低限度の生活」をしているホームレス 264
河川敷でのびのび生きるペットとホームレス 267
ホームレスよりもずる賢い人たち 269
河川敷ホームレスの最大の敵はバカな未成年 274
ホームレス村で起こる殺人事件 277
河川敷ホームレスを無差別に襲う水害 279
最後の楽園はいつまで続くのか？ 281

おわりに 286

企画・構成協力・データマン　中野一気・六原ちず（中野エディット）
図版・ＤＴＰ　美創

第1章 日本のホームレス

物乞いでいくら稼げるか?

ホームレスというと、「駅で物乞い(行為)をしている人でしょ?」という人が今もいる。高齢者のほうがそういうイメージを持っている人が多いのかもしれない。逆に、日本のホームレス事情をよく知っている海外のジャーナリストからは「日本のホームレスはなぜ、物乞いをしないのか?」と問われることがある。

たしかに、韓国やタイに行くと、道端で物乞いをしている人をよく見かける。アメリカのホームレスも「食べ物をください」と書いた段ボールを掲げていたり、「小銭をくれないか」と声をかけてきたりするホームレスが普通にいる。つまり、ホームレスが物乞いをするのは、世界では当たり前のことなのだ。

日本でも、物乞いをしているホームレスはいる。たとえば東京の新宿駅や渋谷駅、大阪の難波駅の近辺でホームレスが物乞いをしているのを見かけたことがある人はいるかもしれない。

ただし、諸外国の物乞いと違って、あからさまではない。「お恵みください」といったプラカードを掲げるわけではないし「右や左の旦那さま……」と演説を打つこともしない。

あくまで、正座している前に、空き缶、どんぶり、逆さにした帽子を置いているだけだ。加えて、物乞いをしているホームレスは圧倒的に少ない。

これは、日本では物乞いをやっても儲からないからなのか。僕は以前に、雑誌の調査取材で路上で日本式の物乞いをしたことがある。人通りの多い上野恩賜公園（以降・上野公園）内や、吉祥寺の道路沿いなどいろいろなところで試みて、目の前に空き缶を置いてみたのだ。

ただただ座っているだけなのだが、羞恥心や恐怖心で、かなりつらかった。だが、しばらくすると道行くサラリーマンやＯＬが、小銭をチャリンチャリンと空き缶に入れてくれた。声をかけてくる人は少なく、スッとお金を入れると去っていく人が多い。中には千円札を投げてくれる人もいた。若い人や老人の中にもお金を入れてくれる人はいて、６時間座って３０００円以上の収入を得ることができた。

また、物乞いをしていると、「私パン屋で働いているんですけど、お店が終わった後に売れ残りをもらえるんです。まだ食べられるのでよかったらどうぞ」と丸く大きいパンをいくつもくれた女の子もいた。

他には、人のよさそうな老婆が話しかけてきた。

「若いのにこういう生活になってしまったのはかわいそうね。なかなか抜け出すのは大変でしょう。私が入っている団体に来れば、しばらくは衣食住には困らない生活ができると思いますよ」

その団体について聞くと、有名な新興宗教団体だった。僕は丁重にお断りしたが、こういった新興宗教団体のお世話になる人もいるという。物乞いをしていると、保護施設を案内されることもあり、野宿生活から抜け出したい人にとっては足がかりになるかもしれないとも思った。

もちろん注意される場合もあった。

「ここは施設の中だから、移動してください」

「この路上にいられると困るので、どこかに行ってください」

度々警備員や公園管理の人にそう注意・指示された。ただ、あまり厳しい言い方ではなく「申し訳ないんですが」という雰囲気があった。一度も揉め事にはならなかった。

つまり、僕の体験からいえば、物乞いは、少ないリスクで、彼らの多くが主業とするアルミ缶回収と遜色ない収入を得ることができるようなのだ。

本当は怖い「軽犯罪法第一条」

では、儲かる可能性のある物乞いをしているホームレスが、日本ではきわめて少数派なのはなぜだろうか？

上野公園にいたホームレス（60代）に聞いてみた。

「もちろんホームレス生活してたってプライドはあるからさ。物乞いなんてできないって人は多いよ。俺も、やっぱりしたくないもの。そもそも『お恵みで生かされたくない』という思いが強くて生活保護を断って、野宿生活しているからね。それにあからさまに（物乞いを）やっていたら、警察に怒られるよ。空き缶を置いているだけなら『ただ置いているだけで、お金を入れてくれとはいってない』って言い訳できるけどね」

物乞いをしていると、警察にやめるよう注意されることがあるという。これは、警察にも注意しなければならない理由があるからだ。

日本で物乞いをすること、またはさせることは「軽犯罪法」に抵触する。軽犯罪法の第1条22号に「こじきをし、又はこじきをさせた者」とあるが、それに該当した場合は、「拘留又は科料に処する」とあるのだ。つまり、物乞いは犯罪なのだ。

この軽犯罪法だが、他にもホームレスが遵守できないものがある。第1条4号には「生計の途がないのに、働く能力がありながら職業に就く意思を有せず、且つ、一定の住居を持たない者で諸方をうろついたもの」も同様に「拘留又は科料に処する」ことができる。つまり、解釈の仕方によっては、日本では働かないで、一定の住居を持たないホームレスの存在そのものが犯罪だともいえる。憲法第27条1項には、「すべて国民は、勤労の権利を有し、義務を負う」と定めてある。勤勉な人が多い日本人には大方受け入れられている価値観なのだろう。

この軽犯罪法第1条4号だが、軽犯罪法が施行される１９４８年より前は、浮浪罪（内務省警察犯処罰令第1条第3号）と呼ばれていた。「一定の住居または生業なくして諸方に徘徊する者は、30日未満の拘留に処せられる」というかなり幅の広い規定だった。そのため、よく別件逮捕に悪用された。

改定後は、悪用はしづらくなったものの、あくまで犯罪であることには違いがない。実際、２０１２年には、奈良県で54歳の無職男性がこの法律を利用され別件逮捕されている。

他にも軽犯罪法第1条26号には「街路又は公園その他公衆の集合する場所で、たんつばを吐き、又は大小便をし、若しくはこれをさせた者」についても、「拘留又は科料に処する」ことができる。酔っ払ったサラリーマンにも怖い法律だが、外で生活するホームレスには抵触してしまう可能性が非常に高い法律だ。

なお、軽犯罪法の罰則は「1日以上30日未満の身柄拘束」または「１０００円以上1万円未満の金銭徴収」であり、ほとんどは注意されただけで終わるが、警察のさじ加減でどうにでもなるという状態なのはたしかに怖い。

はたらくほーむれす

先の物乞いをしているというイメージの影響もあると思うが、ホームレスに対して、「なぜあいつらは働かないのか?」と怒る人がいる。こう指摘する人は、僕の周りだと組織で働いている会社員に多い。

だがそもそも、ホームレスの多くは働いている。厚生労働省が地方公共団体の協力を得て２０１６年10月に行なった「ホームレスの実態に関する全国調査（以降・生活実態調査）」でも55・６％、つまりホームレスの半数以上は仕事をしている。ホームレスの平均年齢は61・５歳。厚生労働省の２０１７年の就労条件総合調査によれば、60歳を定年としている企業はいまだに79・３％であるから、ホームレスは年を取っても引退することなく、よく働く人たちといえるだろう。

そして、ホームレスは、過酷で低賃金の労働をしている人が多い。最も一般的なのは廃品回収業だ。職を持つホームレスのうち70・8%はこの廃品回収業に従事している（参考・生活実態調査）。中でもアルミ缶を集めて生活している人が多い。都市部では、アルミの空き缶をいっぱいに入れた袋を自転車やリヤカーに積んで街を練り歩くホームレスを見かけることができる。

ホームレスからそのアルミ缶を買い取るのは、金属スクラップの会社だ。都内であれば、決まった曜日・場所にトラックが回収しにきている。ホームレスが買取金額の高いスクラップ工場まで持ち込む場合もある。その場で重さを計られ、お金は取っ払いだ。なお、缶は潰しているほうが高く買い取ってくれるので（業者によっては潰さないと買い取ってくれないところもある）、ホームレスは皆アルミ缶を公園や居住地の近くで足で一つひとつ潰している。

アルミ缶の買い取りの値段は、需要によって変動する。大体1キログラム90〜130円が相場だ。

「中国の北京オリンピック（2008年）の前はすごく高かったよ。キロ200円を超えていたと思う」

２０１３年、上野公園に住んでいたホームレス（50代後半）はそう教えてくれた。なお、北京オリンピック前はアルミはキログラム１７０円ほどで取り引きされたことは取材で確認している。ただ、その後キログラム40円まで暴落したという報道もあった（こんな安い買取額は僕のフィールドワークでは確認できなかった）。値段は業者によってまちまちだが、ホームレスから買い取る会社は、比較的安めな買取価格を設定しているところが多い。そのため、数キロメートルほどの距離であれば、買取額の高いスクラップ工場にわざわざ持ち込むホームレスもいるのだ。

ただ、買取価格が高くなればホームレスが潤うかというと、そううまくはいかない。

「市場の値段が高くなると、一般人や業者も集めるようになるから。俺らみたいに歩きや自転車で集めるのと違って、軽トラでガンガン回って集めるわけ。俺らが集める分がなくなっちゃうんだよね。ホームレスの仕事ってのは〝儲からない〟ってとこがポイントなんだよ」（都内河川敷に住む60代のホームレス）

効率よくルートを回るベテランホームレスや元気に動ける若手ホームレスでも、自転車を使って１日目いっぱい働いて３０００円が限度だという。キログラム１００円とすれば、30キログラム。アルミ缶を１缶15グラムとすると、２０００缶という個数になる。

たしかに、それだけ働いて３０００円では儲からない。この額では業者が、「よし俺らもやってみよう」とはなかなか思わないだろう。

アルミ缶回収を13時間やって稼いだ金額

このアルミ缶回収も、実際やってみたことがあり、いかに過酷な仕事か身にしみてわかった。

20時、池袋駅から小さな手押し台車でスタートした。見つけた自動販売機の横にあるゴミ箱に手を突っ込んで集めていく。缶には、少量の缶コーヒーに使われるスチール製と、ある程度多い量に使われるアルミ製の2種類があるので、アルミ製だけ選別して集めなければいけない。ちなみにスチール缶を集めないのは、出張で来る買取業者はスチール缶の買取を原則しておらず、交ざっていると怒られるからだ。金属スクラップの会社に持ち込んでも、スチール缶の買取額はアルミ缶のそれに比べて6分の1ほどと安い。ホームレスでスチール缶を集める人はいない。

集めていると、他のホームレスとルートが被ったのか、明らかに誰かが回収した後だったケースもあった。回収ルートをどうするのか、ちゃんと考えなければうまく集められないのだ。

さらに自動販売機の横に設置されている空き缶のゴミ箱は飲み残しなどでビシャビシャになっていることが多い。すぐに袖が濡れ、悪臭を放つ。2時間も働いているとかなり服が汚れた。帰り道を急ぐ人たちの目が、とても痛かった。

空き缶もそのまま運ぶとかさばってたくさん持てない。そのため一つひとつ潰さなければならない。ある程度集めたら人気のない公園に行って、足で踏んで潰していく。しばらく続けると、足がジンジンと痛くなった。

以降、集めては潰すを繰り返しながら進んでいく。結局、ゴールの上野公園まで13時間かけて歩いた結果、稼いだお金は500円ほどだった。時給は50円を切った。

慣れればもっと効率はよくなるかもしれないが、それでもとても厳しい売上だ。

「中には、マンションの管理人と仲よくなって、マンションから出る空き缶を全部もらっている人もいるよ。でもタダというわけにはいかないよ。タバコやお酒を渡して機嫌を取らなくちゃいかん」

そう教えてくれるホームレスもいたが、ただでさえ少ない実入りなのに、そこから賄賂を渡さなければならないのはつらい。とはいえ、大規模なマンションになれば、そこから出るアルミ缶はかなりの量なので、こういった〝取引先〟があると安定した収入になるそうだ。

ただし、空き缶の回収場所を常に見張っている暇な高齢者もいる。ホームレスが空き缶を取ろうとすると「ちょっとちょっと！　持ってっちゃダメでしょ！　泥棒だよ！」と文句をいってくる。もちろん、その通りなのだが、延々とホームレスにいちゃもんをつける人もいる。「罵倒された」「蹴られた」と被害を訴えるホームレスもいた。空き缶を盗むのは犯罪だが、暴力を振るうのも犯罪である。

ちなみに、アルミ製であればアルミ缶に限る必要はない。たとえば、アルミ製の自動車のホイールを拾えば、それだけでかなりの重量になる。

金属スクラップの会社では、アルミ以外の金属も買い取ってくれる。銅はキログラム500〜800円と、アルミよりずっと高値で取り引きされている。

1999年に大阪を訪れた時、サッカースタジアムがある長居公園にたくさんのホームレスが生活していた。テントがズラッと並び、ホームレス村と化していたのだが、2002年のサッカーワールドカップの舞台になることが決まっていたので、彼らの存在が問題になっていた。

そこに住むホームレスの中には、ゴミ捨て場から持ってきたエアコンから銅などの金属を抜き取ってスクラップ会社に売って生計を立てている人が多かった。室外機もあったが、あまり多くはなかった。聞いてみると、人力のホームレスにとって、室外機は非常に重たく、持って帰るのは現実的ではないとのことだった。

公園の中には金属を取った後のプラスチック部のゴミをうずたかく積んだ場所があり、軽トラ1杯分はありそうに見えた。長居公園は一般の人も数多く利用している公園だ。さすがに、やりすぎだったのだろう、それから間もなく彼らは公園から排除された。

銅は買取金額が高いことから、工事現場などに置いてある電線などの銅製品を掻っ払う窃盗団もいる。ホームレスの中にも工事現場に忍び込んで銅線リールを盗んで集めている悪党はいる。

盃ひとつで50万円稼いだホームレス

ホームレスは、他にも様々な物を拾って現金化している。東京の多摩川河川敷に住んでいる男性（50代）の場合、小屋の周りに拾ってきた様々な物品が置いてあった。

「1日街を回っただけでかなりの量拾えるよ。たとえばこんなのはたくさん落ちているね」

指差すカゴの中には、新旧様々な型のデジタルカメラが入っていた。

「中古はもちろん、新品同様の品物が落ちている時もある。コンパクトカメラではなくて、一眼レフカメラを拾うこともある。こないだは、ニコンＦ２を拾ったよ。名機だね」

ニコンＦ２は１９７１年より発売された、機械式フィルム一眼レフカメラだ。古いカメラだが、愛用者も多い。骨董品的な価値もあり、カメラのバージョンや素材、また状態によるが数千円から十数万円で中古カメラ店で買い取ってくれる。彼もそれを売って数千円の儲けになったそうだ。

粗大ゴミや燃えないゴミの中には、そんな換金できる物がたくさん落ちているという。

「いちばん落ちてるのはゲーム機だね。初代プレイステーションはもうリサイクルショップで売っても１００円くらいにしかならない。人気のゲーム機は壊れてても５００〜２５０００円にはなる。あとはミュージックプレイヤーや時計、ライター、携帯電話なんかもよく捨ててあるね。市販されてるＣＤ、ＤＶＤ、ゲームソフトが山のように捨ててあることもある。どれも捌き方によっては幾らかの値はつくよ」

そんな中、最も換金率が高いのは金《きん》だ。

「ゴミの中に金とか落ちてないと思うだろ？　でもこれが不燃ゴミの中に捨ててある。爺さんや婆さんが死んだ時に出た遺品を適当に捨てちゃってるんだろう。指輪とか金歯とかが出てくることがある。一度大きい金の盃を拾ったことがある。しっかりK18（※75％金）の刻印もあって、50万円になったよ」

中古品や金をお店で換金する場合は身分証明書が必要な場合が多い。彼の場合は、自身が身分証明書（免許証）を持ち続けていたので、換金することができた。ただ、身分証明書を持っていなくても、買い取ってくれる業者はあるという。もちろんまっとうな業者ではない。

金をしょっちゅう拾えるわけではない。彼はかなり能動的に働いているが、それでも1日の売上は1万円に届かないというから通常の日雇いレベルの収入だ。

「腰をいためて鳶《とび》職を辞めたんだけどね。それまでは普通にアパートに住んでたよ。その時はまさかこんな生活すると思ってなかったけど、いつの間にか板についちゃったな。一回こういう生活するとね、自由があるでしょ？　時間に縛られないというのは、楽なんだよね」

そう笑顔で語った。

路上で売っている100円雑誌の正体

古紙も集めれば現金化できるが、金属に比べると安い。キログラム数円の世界だ。廃品回収業者から貸し出される荷車に段ボールをうずたかく積んでも、3000円にも満たない。重量で価格が決まるため、重いものを運ぶ際に使う丈夫な段ボールをいかに工場等から集めるかがポイントだ。スナック菓子を運ぶための段ボールや昨今増えている過剰梱包のアマゾン段ボールはとても軽いため、お金にならない。

段ボール以外にも、漫画や雑誌などがあれば回収する。これらの場合、〝紙〟として売ると新聞紙や段ボールよりさらに安く買い取られる。そこでマンガや雑誌は〝古本〟として路上で売るのだ。繁華街の駅を利用したことがある人は、駅の近くの路上で、売店では定価で売られているはずの雑誌が1冊100円で売られているのを見たことがある人も多いのではないだろうか。

2000年代の新宿駅周辺では、複数の路上古本屋が出ていた。JR新宿駅から歌舞伎町方向へ向かう道路の真ん中と新宿サブナードに下りる階段の脇は2010年代に入っても長く営業していたが、それ以外にも大ガードの下や駅近くのスペースなど、隙があればホームレスたちが本を並べて販売していた。『週刊少年ジャンプ』が発売される月曜日には飛ぶように売れた時代もあるが、２０２０年現在はもう見当たらない。

雑誌を路上で売る仕事はすぐにその島を管理するヤクザに目をつけられる。縄張りにしている暴力団の仕切りとなり、ホームレスは安く使われるだけの人材になるのがオチだ。

新宿の路上古本屋で働いていたという女性ホームレス（50代）に話を聞いたことがある。

「新宿はそれぞれの場所を違う組（暴力団）が経営していた。だから対立関係にあって、バチバチとする場面もあったね。私も働いていた時は、彼らが用意した寮みたいなところに住んでいた。もらえるお金は二束三文だけど、屋根があるところに暮らせるし、食ってはいけるしね。結局、ケンカしてやめちゃって私はホームレスに戻ったけど」

話を聞いた時、彼女は上野公園でホームレス生活をしていた。

１００円の雑誌は、拾ってきたホームレスが露店を構えるホームレスに1冊50円で売ったものだ。雑誌を拾うホームレスは、初乗り運賃の切符を買って、電車に乗り、網棚に捨て置かれた雑誌を拾い回る。駅のゴミ箱に捨てられた雑誌も、捨て口が狭く手が入らないようになっているところでも、針金を突っ込んでうまく回収していく。

ホームレス同士で縄張りができることもあり、駅でケンカになってしまうこともある。ただそれ以上に昨今は雑誌離れが顕著で、雑誌を拾うのすら難しくなっていることのほうかく積まれた古雑誌を見かけなくなった。

街路樹のギンナンは誰のもの?

珍しい稼ぎ方ではギンナン集めがあった。

上野公園はイチョウの樹がたくさん植えられているので、秋にはギンナンがたくさん落ちる。これを拾って、周りの実を剝いで乾かし、食材として売るのだ。ちなみに街路樹のギンナンは収穫を目的として植えられたものではないため、自然に落ちた実に限り、拾った人のものになる。なっているものを無理やり取ってしまったら窃盗罪になるから注意が必要だ。

日比谷公園にもギンナンを拾いに行くホームレスがいる。時期になると日比谷公園のトイレには「流しが詰まるので、ギンナンの皮をむいたり、ギンナンを洗ったりすることを、禁止する」という張り紙が公園の管理所によって貼られる。ホームレスがギンナンの余分な果肉をトイレの洗面所で洗い流すことで詰まってしまうことがあるのだ。

ギンナンを売り物に加工する作業は過酷だ。拾ってきたギンナンをバケツに入れてしばらく放置する。腐って柔らかくなったギンナンを、ゴム手袋をつけた手で掻き混ぜつつ、外の実を剝がして可食部分を取り出す。腐ったギンナンの実の臭いはものすごく強烈だ。通る人も顔をしかめている。ただ作業をしているホームレス（60代）は臭いは大したことないという。

「まあ臭いけど作業してると慣れちゃうよ。それよりもかぶれないように気をつけないとダメ。手はゴム手袋してるけど、つい顔を掻いちゃったり、目に触れたりしたら、大変だから」

ギンナン販売はホームレスの仕事にしては割がいいといわれていたが、作業している様子を見ると決して楽ではないと思った。苦労して取り出したギンナンを袋に入れて販売すると、通行人は１袋５００円で買っていく。

「上野の料亭の人も買いに来るよ。まとめてかなりたくさん買ってくれるから、数万円の売上になる時もある」

そうホクホクした顔で話してくれた年配のホームレスもいたが、これもすぐに暴力団に目をつけられて、彼らの仕切りになってしまった。しばらく後に顔を出すと、「全然儲からなくなっちゃった」と寂しい顔でいっていた。

ホームレスの懐事情

ホームレスになってもお金は必要だ。もちろん家賃や光熱費が必要な家で生活するよりも支出は少なくて済む。しかし、路上の仕事はきつい、汚い、危険の「3K」なうえ、どんなに頑張っても稼げる額は極端に少ない。前述したが、生活実態調査によれば、ホームレスの平均月収は約3・8万円だ。

なおチケット並びや看板持ち、場所取りといった仕事を得られたとしたも、ホームレスが他の仕事で得られる収入を知っている業者は、最低賃金を守らない。隅田川の花火の場所取りで、ホームレスを使っているある業者がホームレスのギャラを明かす。

「花見の1週間前とかから、24時間2人か3人交代で場所取りを行なわせる。ホームレスならば8時間で3000円が限度。1日歩いてアルミ缶集める金額を座っているだけで得られるわけですからね。それにうちはかなりいいギャラ払っているほうですよ」

花見の場所取りは、ブルーシートに座っているだけの仕事だが、他の人に横取りされないように気を張っていなくてはならないし、見張っている間はトイレに自由に行くこともできない。実はしんどい仕事なのだが、足元を見られて買い叩かれてしまう。

「ホームレスは働かなくて楽そうで羨ましいなあ」という人は一度、朝から晩まで空き缶を集めてみたらいい。ただ、くずかごに入っている空き缶もそうだが、ゴミ集積所に捨てられているものを勝手に失敬するのは、厳密には違法なので自己責任で行なってほしい。

ホームレスがロックバンドのTシャツを着ている理由

ホームレス生活では、収入がかなり乏しくなるので服にお金をかけるのも難しい。「100円ショップで定期的に下着だけは買っている」という人はいたが、「ユニクロで服を買っている」という話は聞かない。

僕が知り合いにホームレスの服のイメージを聞いたら、「一般人が着古した後に寄付した衣類を着ている」「一般人がゴミに出す服を失敬する」という人がけっこういた。

彼らはどうやって服を調達するのか？

まず、日雇いを長くやっていたホームレスについては、作業服をプライベートでも着ている人はけっこう多い。取材していても、日雇いをやっている人は働かない時でも労務者の格好をしていたりする。作業服は丈夫なうえに動きやすいため、路上で生活するのには向いているわけだ。

普通の人と同じような格好をしているホームレスの場合は、服をタダで手に入れることも多い。これはホームレスの支援団体が炊き出しを行なう際に同時に服を配るからだ。たいていはビニールシートの上に、ドサッと服が並べてあり、ホームレスが各々選んで持ち帰る。早い者勝ちではあるが、殺到して奪い合うというような雰囲気ではなく、それぞれが余裕を持って品物を選ぶ。ホームレスのうち、31・9％の人がこのような民間団体の「衣類・日用品・寝袋等提供」支援を受けたことがあると答えている（参考・生活実態調査）。

ホームレスが皆が着なくなった古着を着ているというイメージは、このような支援団体による服の配給からも来るのだろう。しかし、一般人からではなく、衣料品店で売れ残った商品をボランティア団体が集めることも少なくない。そういう場合は、新古品（デッドストック）だ。たまに善意で自分が着古したボロボロの服をボランティア団体に送ってしまう迷惑な人がいるが、ホームレスだってボロボロの服など着たくない。

ホームレスの無料診察をする団体では、無料で新品の下着を配ったりもしている。取材をしていると、ホームレスの男性が「白のブリーフしかないの？　黒とかじゃないと汚れが目立ってかなわんわ」と文句をいっていた。ボランティアの男性は「白しかないわ。そういうカッコイイのは自分で買って」と笑いながら答えていた。

まれにイベントスタッフ用のＴシャツや、ロックバンドのライブ記念Ｔシャツなどの売れ残り品が流れてきて、ホームレスが着ていることもある。新宿中央公園にいるホームレスのおじいさんが、すごい派手なガイコツが描いてあるＴシャツを着ているのを見たことがある。通りかかった若者が、「あの人が着ているの、有名アーティストのＴシャツだよね？　なんで着ているんだろ？　もしかしてファン？」と話しているのを聞いて、思わず笑いそうになってしまった。

なお、炊き出しでは、服と同時に毛布が配られることもある。この毛布については争奪戦だ。ホームレスにとって、毛布は冬場の必携アイテム。何枚も敷いたり重ねたりして熱が逃げないようにして眠る。服はサイズが極端なもの、デザインのダサいものは新古品でもいつまでも誰にももらわれず残っているが、毛布はすぐになくなってしまう。

ホームレスは足元を見ればわかる

服はゴミとして捨てられることもたしかに多い。

「衣替えのシーズンなんかに大量の服がまとめて捨ててあるのをよく見つけるよ。まっさらの服もけっこう捨ててある。ほとんどの服は洗濯済みだしね」

新宿中央公園にいたホームレスの男性（50代）はそう語っていた。ホームレスは空き缶など廃品を回収する仕事をしている人が多く、そのついでに服も集める。集めた中で綺麗なものやカッコイイものをピックアップして着ているのだ。

たしかに、洋服の流行に敏感な若い子であれば、日常生活でボロボロになるまで服を着ることはないだろう。ファストファッションの服を着て、ワンシーズン着たら捨ててしまい、新しい商品を調達する人もそれ相応の数がいる。おしゃれな服を着ているホームレスを見かけたら、それは若い子が捨てた服を失敬してきたものかもしれない。

ということで、実は、ホームレス生活をしながらでも、服は比較的簡単に入手できる状態なのだ。

一方、手に入れるのが難しいのが靴だ。

靴は炊き出しで配られることもあるが、洋服ほど見かけない。靴も捨てられることはあるが、服に比べれば数が少ない。見つけたとしても、オーバーサイズでも着られる服と違って、靴はジャストサイズでなければ履くことが難しい。ファストファッションで洋服は格安のものが溢れて綺麗なままゴミになることも多いが、靴となるとなかなかそうはいかない。履き潰して磨《す》り減ったものや壊れたもの以外、ゴミの中から見つけるのは難しい。

結果的にホームレスは、靴を長く履き続ける。しかもホームレス生活では、廃品回収や雑誌回収といった仕事、そして炊き出し巡りもあって、普通の人の何倍も歩く。靴はすぐにボロボロになってしまう。

取材をしていても、服だけ見るとホームレスとわからなくても、靴を見ればだいたいわかる。多くのホームレスは、普通の身なりをしていることが多いが、靴だけはくたびれていることが多いからだ。

稼ぐためにホームレスを装うホームレス

洋服で思い出すのは、1999年に上野で出会ったホームレス（70代）だ。彼は服をたくさん重ね着していた。いちばん下はパンダの絵が描かれたかわいいTシャツで、その上からシャツやジャンパーなどを何枚も重ね着していた。しかも、重ね着しているのがわかるように上着やシャツの前ボタンを開けて着ているのがポイントだった。特徴的な太いズボンを穿き、靴は左右違う物を履いていた。

要は、明らかにわざとやっているのである。上野にいるが原宿系ホームレスといえるかもしれない。彼は臭くもなく、笑顔がキュートで、ちょっとした人気者だったのだ。一般のおしゃれなカメラ女子が「写真を撮らせてくれませんか？」とお願いしているほどだった。

彼のような存在はマスコミにも重宝される。僕はテレビの制作陣に、ホームレスのコーディネートを頼まれることが、たまにある。その際にいわれるのは、見た目がホームレスっぽくて、ちゃんと会話も成り立つ人を紹介してほしいということだ。テレビマンは、「ちゃんと話を聞けるホームレスは見た目があまりホームレス的ではなく、逆にホームレス的な見た目の人は会話が成り立たない」と嘆いて、イライラしている人が多かった。

そういう時に、ホームレス的な見た目（といっても多くのホームレスは彼のような面白い格好をしていないが）で、話もできる彼は、とてもありがたい存在なのだ。そして、そのホームレスの男性は、話を聞きにきた人に「1000円くれたら写真撮っていいよ」とお金を求めていた。アフリカなどを訪れると、少数民族の中には観光客に写真を撮らせてお金を稼ぐ人たちがいるが、同じようなものだ。「それくらいなら」とお金を払うメディアの人や一般人も少なくない。ちなみに、稼いでいる額を聞いたところ、まずまずすごくて素直に感心した。

彼の場合は、稼ぐために、ホームレス的な身なりをしているという珍しい人だったが、需要を掴むビジネスマンとしての才能もあったのだろう。

ボロボロの服を着た臭いホームレス

ホームレスについて、「汚い」「臭い」というイメージを持っている人は多いだろう。

「ボロボロの服を着ていて、近くに行くとひどく臭う」

たしかに、街中や電車の中で、そういうホームレスを見かけることがある。ホームレス自身も、30・8％の人が清潔に保つことができないことに困っているという（参考・生活実態調査）。

僕が取材した限りでは、ホームレスの圧倒的多数は、普通の身なりで臭いもキツくない。公衆トイレの洗面台を利用し、カミソリで毎日ヒゲを剃っている人もたくさんいる。髪は伸ばし放題のドレッドヘアという印象があるかもしれないが、多くの人は無料でヘアカットをしてくれるボランティア団体を利用する。フリーランスの僕なんかよりも、身なりに気を配っているわけだ。

これは、ホームレスが、廃品回収以外にも、建設日雇い、転売業者が転売する品物やチケットを買うための「並び」、街中での看板持ちといった仕事を請け負うこととも関係しているだろう。あまりに汚い身なりだと、日雇いの手配師のワゴン車にも乗せてもらえず、仕事がもらえないのだ。仕事が欲しければ、ある程度清潔にしておかなければならない。なお、都市部の駅近くで、雑誌「ビッグイシュー」を路上で掲げて売っているホームレスを目撃したことがある人も少なくないだろう。あの仕事についている人については、身なりはかなり清潔でなければ商売にならない。

しかも、一度ひどく汚れてしまうと、銭湯やサウナなどの入浴施設にも立ち入りを拒否される。以前、雑誌の企画でお世話になった不衛生だったホームレスの男性と銭湯に行ったことがあったのだが、立て続けに断られた。数軒回って、お願いし、やっと入れてもらった。しかし、番頭に「身体をしっかり洗ってから湯船に入ってください」と強くいわれた。

ただし、身体からすえた臭いを周囲に撒き散らしているホームレスもいる。

たとえば、２０００年前後には、西武池袋線の池袋駅の改札近くにボロボロな服を着たホームレスが毎日座っていた。当時、僕は池袋駅をよく利用していたのだが、彼の髪やヒゲは伸びっぱなしで、衣服には穴が開いていた。しかも、たまに靴を脱いで足の指にこびりついている垢を取っていた。その時は、鼻が曲がるほどの強烈な臭いが、辺りに漂った。

口元を押さえて走り去るＯＬもいた。

また２００５年、高田馬場駅の戸山口の近くにもボロボロな服を着たホームレスがいた。彼のズボンは股の間が破れていた。駅前に彼が立っていると、あからさまにペニスが見えている時があり、みんな顔をしかめて横を通り過ぎていた。彼自身に悪意があったのかどうかはわからないが、「絶対、知ってて露出している!! ニヤニヤ笑って気持ち悪い！ いなくなってほしい」といった類のことを女性がいっているのを、何度か耳にした。

このような人は今でも見かけることがある。２０１９年春にも、中野駅の北口でボロボロの衣服を着た推定70代のホームレスが、異臭を撒き散らしながら通行人が食べているたこ焼きを恵んでもらおうとしていたのを目撃している。彼はヨダレが始終口から出ており、駅近くのベンチで座っている男性のジーンズにそれを垂らしてしまい、舌打ちされていた。案の定、誰も彼に食べ物を与える人はおらず、諦めたのか、駅とは逆の方向に去っていった。

このようなホームレスは悪目立ちするため、皆の中で「ホームレスは汚い」「ホームレスは臭い」というイメージが定着してしまうのだ。しかも、この中には、攻撃的な奇声をあげたり、ゴミを周囲に撒き散らしたりするなど、迷惑行為を頻繁にする人も一定数おり、「ホームレスは怖い」「ホームレスは迷惑」といったイメージまで持たれてしまう。

ホームレスと障害

では、都市周辺に住んでいれば一度は見たことがあるだろう、周囲に悪臭を放つホームレスは、なぜあのようになってしまったのか。ホームレスを取材してきた僕の答えは、彼らは脳か心に何かしらの障害や疾患を抱えているからではないだろうか、というものだ。

こういった人の多くは、声をかけても、会話の受け答えができない。また受け答えができたとしても、支離滅裂なことをいう人も多い。たとえば、上野公園にいた全身ボロボロの服を着た70代後半に見えるホームレスは、「自分は四国の会社の社長をやっている。人材を求めて上野に来た。なかなか人が見つからないから困っている。よかったら、あんた働くか？」と真顔で僕をスカウトしてきた。ホームレスは取材に対して軽度な嘘をついたりホラを吹いたりする人が少なくはない。しかし、後日、同一人物に話を聞いた際も、同じ内容の話をしていた。どうやら、本気でそう信じ込んでいるのだ。ボロボロの身なりでファストフード店から廃棄されたポテトを食べている自分と、社長である自分が、矛盾せずに同居しているのがとても不思議だった。

こういった人は、認知症や統合失調症といった精神的疾患を抱えたり、アルコール依存症が進んで幻覚を見る離脱症状などが出ていたりする可能性が非常に高いと推測できる。

これは僕の憶測だけではない。日本においてはこの手の話はタブー視され、無視されてきたため、長らく調査も行なわれていなかった。しかし、２００９年、野宿生活者の支援をする精神科医の森川すいめいが東京・池袋で１６８人のホームレスを対象に行なった調査によれば、そのうち10〜15％の人が精神障害を抱えている疑いがあり、19％の人がアルコール依存症と判断された。

さらに同調査ではＩＱが70未満の人が34％もいたという結果も出ている[1]。ウェスクラー式の知能検査（ＷＡＩＳ－Ⅲ）によれば、ＩＱ70未満は「精神遅滞」と診断され、知的障害がある判定基準のひとつとなる。出現割合は２・２％とされているため、森川の調査の34％という数字がいかに高いかわかるだろう。

同じような調査結果は他にもある。２０１４年、全日本民医連の精神医療委員会が研究者とともに行なった名古屋市内の路上生活者１１４人の精神保健調査でも、対象者の34％に知的障害があり、42％に統合失調症やアルコール依存症など精神的疾患があることがわかっている[2]。

つまり、ホームレスの少なくない人が、精神的疾患や知的障害を抱えているというのだ。

しかも、こういったホームレスの中には、特別支援学級に通った経験もなく、障害者手帳を持っていない人も多い。生活実態調査によれば、ホームレスの中で、障害者手帳を持っている人は1・6%、以前に持っていたがなくした人が1・3%と、合わせても2・9%しかいない。つまり、可視化されていない障害者がたくさんいるのだ。そんな中で、仕事もなかなか得られず、自力で生活していくのもままならない。日常会話もできず、不衛生で体臭がきつければ、ホームレスの仲間もできない。ホームレスの中でも、孤立してしまうのだ。なお、国・自治体が行なうホームレスのアンケート結果を本章では多く引用しているが、調査員がコミュニケーションの難しいこのようなホームレスにアクセスしているのだろうか。もし調査から溢れていたら、国・自治体の調査結果にすら、彼らの状態は正しく反映されていない。

　僕は、他人に極度に迷惑をかけていなければ路上で生活するくらい自由にさせてあげればいいと思っている。しかし、精神的疾患や知的障害を抱えた結果、仕方なくホームレスになっているのだとすれば、それは、ホームレスというよりも、単に福祉からこぼれてしまっている人だ。「汚い」「臭い」と周りに思われてしまうホームレスの少なくない人が、このような人ではないかと思っている。

　彼らが事故に遭遇したり犯罪に巻き込まれたりする可能性は高いだろう。彼らの場合は、一刻も早く保護して路上生活から脱出させるべきだと思うのだが、皆手を差し伸べないし、街の安全を守る警察官も見て見ぬふりだ。

そのため、２０２０年代の今も、こういったホームレスが路上でさまよっている。

ホームレスは歯が悪い

ホームレスは、精神面だけでなく健康状態が悪い人もいる。生活実態調査で、健康状態が悪いと答えているホームレスは27・１％。その対応として「通院」（25・８％）や「市販薬」（13・３％）も必要とせず、何もしていない人が60・９％もいる。なお体調面について、自覚症状があるケースだと「歯が悪い」（24・９％）、「腰痛」（24・１％）、「よく眠れない日が続いた」（15％）が上位３つである。

たしかにホームレスを取材していると、歯が悪い人が多いことにすぐ気づく。「なぜ彼らは歯が悪いのですか？」と聞かれることもあるのだが、それは、ホームレスに限ったことではない。

僕がライフワークにしている青木ヶ原樹海の取材で10以上の人間の頭蓋骨を見てきた。頭蓋骨になってしまえば、博物館にある古代人の骨とそう変わりない。ただひとつ違うのは、「青木ヶ原樹海の頭蓋骨は歯が悪い」ということだ。今まで見てきた青木ヶ原樹海の頭蓋骨で、歯の治療痕がなかったものはひとつもなかった。奥歯は銀歯になっているし、前歯はセラミックが貼られていたり、インプラントになっていたりする。入れ歯の人も多い。生前は綺麗な歯並びに見えていたのかもしれないが、シャレコウベになると根元まで丸見えで、みんなダメージを負った歯をしている。青木ヶ原樹海で自殺する人は、中年以上の男性が多い。年齢、性別はホームレスと重なる。

つまり何がいいたいかというと、老人になると、大抵の人は歯がダメになるということだ。みんなボロボロになっていくのだが、なんとか必死に取り繕ってノーダメージの歯を装っているのだ。

当然、取り繕うにもお金がかかる。ホームレスはそこにお金をかけることができない。虫歯の治療も基本的にはしない。悪くなったら、悪くなりっぱなしである。

ホームレスとアルコール

また、ホームレスに話を聞いていると、アルコールが原因で体調を崩しているケースが多い。

２０１５年夏、荒川の河川敷で、上半身に刺青が入っている、明らかにカタギではない中年ホームレス（50代）を取材した。彼はお腹の真ん中に傷があった。

「俺はここに引っ越してきてまだ3日だもん。その前は山谷で生活してたんだ。酒の飲みすぎで胃ガンになっちゃってさ。胃を取っちゃったんだよ。こないだ内視鏡を入れたら大丈夫だっていわれたよ。ただ、たまに食道が詰まっちゃうことがあるんだよ。そうなったら、氷水をぐぐぐぐっと飲んで入れて、なんとか通すんだよ。そうすりゃまた食べられるんだ。はっはっは」

そんな原始的な方法で大丈夫なのか不安になった。

「ガンになる前は、リサイクルやってたんだよ。テレビ、冷蔵庫、洗濯機を拾ってきて、直してね。けっこう儲かってたんだ。テレビの取材とかも来てたんだよ。雑誌で漫画化されたこともあるんだぜ。でもある日、すげえ気持ち悪くなっちゃってさ。ついでにウンコも真っ黒になっちゃった。こりゃちょっとやべえなって思って病院行ったら、ガンだって。女子医大に行ったら、2週間で治療が済んだからよかったけどなあ。はっはっは」

ちっともよくはないと思う。

「ガンになったのが3年前。5年間再発しなかったら、もう大丈夫っていわれてるんだけどね。そもそも俺の家は、ガン家系ではないんだけどな。まあ酒飲みすぎたのもあるかもしれないけど、井戸水飲んでたからさ。ピロリ菌が混ざってて、それでガンになっちゃったんじゃないかともいわれたよ。もうガンになっちゃったから、仕方ないから酒もやめてさ。公園の草むしりの仕事とかで地味に食いつないでるよ。オケラだよ、金も何にもないよ〜。苦労も何にもないけどな。はっはっは」

なお、病み上がりで暑い所で生活するのはつらくないかと尋ねると、頭痛がすると言い出した。そして「昨日、ウイスキー1本飲んじゃったから。もう調子悪い」と打ち明ける。酒はやめたといっていたのだが。

「酒は基本はやめてる。ちょっと飲んだだけだから大丈夫だよ。細かいこと気にしてたら、ガンになるよ。はっはっは」

この中年ホームレスは底抜けに明るかったが、話の内容は、そこそこ深刻だ。ただ、彼のように酒の飲みすぎで体調を崩す人は多い。

ホームレスの話を聞いていると、真面目なホームレスから「酔っ払い（のホームレス）はタチが悪いから、接触しないほうがいいよ」といわれることがある。たしかに、ドヤ街や上野公園では酔っ払ったホームレスがたくさんいた。僕は酔っ払ったホームレスにも話しかけたが、やはりみんなやたらとタチが悪かった。

山谷であった元自衛官だという50代のホームレスには、昼から夜まで延々と付き合わされた。もうお開きにしたいと思っても、終わらせてくれない。いっていることは堂々巡り。

「写真は、腕で撮るんじゃない！ 心で撮るんだぞ！」などカメラが趣味だというこの男性に精神論を聞かされて辟易した。とにかくベロンベロンになって騒ぐので、出入り禁止になっているお店も多かった。

酔っ払ってのケンカも多く、顔にアザを作っている人も多い。また、酔っ払うと、体温の調整がうまくいかなくなる。冬場でも布団に入っていると暑いので、そのまま外で寝てしまう。そして、次の日に凍死してしまう人もいた。

個人的には、ホームレスにとって酒は害悪でしかないと思う。ただ、多くのホームレスは「そんなこといったって、飲まなきゃやってられないだろう！ 酒飲むしか楽しみがないんだ！ どうせもう何年かで死ぬんだ、ほっといてくれ」という。そういわれてしまうと、返す言葉がない。

残飯を漁るホームレスの今

ホームレスたちの食と聞いて、真っ先に残飯漁りを想像する方もいるのではないだろうか。ゴミ箱をゴソゴソ漁り、食い残しを見つけ、そのままパクリ――。

たしかに上野公園の界隈には、レストランや居酒屋から出されるゴミを専門で漁るホームレスがいた。中には深夜に出されたゴミ袋をビリビリに引き裂き、食べ物を漁る人もいる。

こうなると、周りにゴミが散らばって掃除が大変だ。お店側も考えた末、袋を破らずに持っていけるように、食える物だけ分別し、別に袋詰めして捨てるという策を講じているところもあった。慈悲深い行為だといえる。

ホームレスがこの残飯袋の取り合いをする光景を見たこともある。オッサン同士が押し合いへし合いしているのを、カラスとネコが遠巻きに見つめていた。まさにサバンナ、弱肉強食である。

しかしこのように食料を拾って食べるのは、ホームレスの中でもかなり少数派だ。

「俺はどんだけ腹が減っても、拾い食いだけはしないって決めてるんだ！　それが俺のプライドだ！」

東京のドヤ街・山谷で出会った60代のホームレスからはそんな話を聞いたことがあるが、拾い食いをしないことにプライドを持っているホームレスは意外に多い。日本一ハードルの低いプライドだと思うが、言い終わった後、「ま、でもいざとなったらわからないけどね。はははは」と笑っていた。

一昔前はコンビニから廃棄される消費期限切れの弁当が、多くのホームレスたちの栄養源だった。消費期限切れになると店のゴミ箱にそのまま捨てられていたので、ゴミ箱に手を突っ込んで、まだ手がついていない弁当を拾ってこられたのだ。

ところがエコやリサイクルが叫ばれる最近では、大手コンビニチェーンでは廃棄を厳しく管理し、回収を行ない、家畜の飼料や肥料にするようになった。なお、店舗側でも、消費期限が切れる前に値下げをして売る見切り販売を行なうといった工夫を重ね、廃棄を少なくしている。

それでもなお、スーパーなど一部の店舗では、消費期限切れの弁当やパンが捨てられており、深夜にそれらを漁りにいったり、店員にもらったりする人もいる。以前はそれを「餌取り」と呼んでおり、「俺は『餌取り』やってってね」といった感じで職業のように語っていた。手に入れた食品を分けるのでホームレス仲間からも彼らは重宝されていたが、廃棄弁当・パンが少ない昨今、廃棄を漁る人はいっそう少なくなっている。

ホームレスに炊き出しを出す赤い十字架の教会の正体

サラメシならぬホームレスメシと聞いて、炊き出しを連想する人も多いだろう。ホームレスの集まる公園や広場などで、無料の炊き出しが定期的に行なわれ、そこにホームレスがずらっと並ぶ。実際、ホームレスの54・5％は、民間団体が行なう炊き出しを利用したことがあるという（参考・生活実態調査）。

拾い食いをしないことにプライドを持っているホームレスがいることを指摘したが、この炊き出しも、利用しないことにプライドを持っている人がいる。取材をしていると、「あんなもん食えたもんじゃないよ」「1回食べたがあそこの炊き出しはボソボソでまずかった」という否定的なコメントが多い。このような炊き出しに対する愚痴・文句は、ホームレス同士が円滑にコミュニケーションするためのネタにもよく使われている。

この炊き出しを配給するのは、宗教団体関係者やボランティア団体などだ。

たとえば、上野公園で定期的に炊き出しをしているキリスト教団体は、炊き出しの前に長々と説教をする。

夏の暑い日に「皆さん、地獄はここよりずっと暑いです！」と唱えていた彼らが、冬の寒い日には「皆さん、地獄はここよりずっと寒いです！」といっていたりもする（嘘のような話だが実話だ）。そして最後はみんなで賛美歌を合唱する。

「ハーレールーヤ」

ホームレスが手を振りながら歌うのだが、身なりが汚い人も交じっており、〝オブ・ザ・デッド感〟が漂う。

ホームレスに炊き出しをする宗教は、ほぼキリスト教のみである。ドヤ街には、複数のキリスト教会がある。多くは韓国系のキリスト教団体だ。絶対ではないが、韓国系のキリスト教は、十字架が赤い場合が多い。炊き出しでキムチが出されることもある。教会内にホームレスを集めて食事を提供する団体もある。貧しい者に食事を提供するのはキリスト教のベーシックな活動のひとつでもある。

一方、20年ほどホームレスの取材をしているが、仏教系の団体が炊き出しをしているのを見たことはない。

炊き出しに並ぶホームレス以外の人

炊き出しで提供される食事は時と場所で様々だ。カレーライス、炊き込みご飯、焼きそばなど、大量に作れる給食のような食事がメインだが、他にも菓子パン、乾パン、果ては軍隊のコンバット・レーション（配給食）などが配られる。ちなみに以前、韓国系のキリスト教団体が上野公園で配っていたレーションを実際に見せてもらったが、韓国軍のものだった。

東京、大阪などの大都市では毎日どこかしらで炊き出しが催されている場合が多く、渡り歩けば餓死することはない。そのため、これらの炊き出しを渡り歩くホームレスもいる。

しかも、炊き出しに並ぶのはホームレスばかりではない。生活保護を受け、安アパートに暮らす人もかなり来ている。こういうところに来る生活保護受給者は、肝心の生活保護費はどうするのか聞いてみると、だいたい同じ答えが返ってくる。

「生活保護費は全部パチンコに注ぎ込んでしまったよ。もちろん勝てば普通に買って食べる。でも負けたから仕方ないね」

そういって悪気もなく笑っていた。他にも居酒屋で飲んでしまった、性風俗に行って使ってしまった、など生活保護費について褒められた使い方をしていない人も多い。彼らが炊き出しの情報をなぜ知っているかといえば、これら生活保護受給者は元ホームレスであることも多いためだ。

クッキングホームレス

ホームレスの食事は、拾い食いや炊き出しばかりではない。最も多いのは、おそらく普通に「買って食べる人」だろう。

ホームレスは、無収入な人ばかりではない。会社に雇われていなくても、空き缶や雑誌を集めて小銭を稼ぐホームレスが多い。機転の利く人なら１日３０００円ほど稼ぐ。家賃や光熱費は基本かからないのだから、こうしたお金は食事と、彼らの嗜好品である酒・タバコに全力で注ぎ込まれる。

買い食いの基本はコンビニやスーパーだ。パンやおにぎり、弁当など、すぐにその場で食べられるものを買う。ただし、２０００年以降に増えた生鮮食品を扱う１００円ショップで食材を買い揃え、自分で調理して食べる人も少なくない。

２００６年秋、上野公園の不忍池周りでジュージュー肉を焼いている人たちがいた。家族連れや恋人たちが歩く遊歩道の端を陣取り、ガスコンロを置いて、その周りに３人の

50~60歳のホームレスたちがデンと座って楽しげに肉を焼いている。話を聞くと、しょっちゅうやっているそうで、慣れた手付きだった。彼らが利用しているのも１００円ショップだった。肉やウインナー、ベーコンも１００円ショップで小分けになっているものを調達していた。お酒は発泡酒だったが、なんとも美味そうに見えた。彼らはいつも３人で行動しているようで、貯まったお金でこのような焼肉パーティを開いているという。こういうお金を出し合う時は、割り勘とかではなく、稼いでいる人がお金を全部出したり、多く出したりすることが多い。彼らはお金を持っていないが、ケチケチしている感じではない（だから彼らはお金がないともいえるが）。なぜか話を聞く僕に奢ってくれることもある。

　大阪の西成では、沖縄出身のホームレスに自作のソーメンチャンプルーを食べさせてもらったことがある。力仕事をしているためか塩が効いていてしょっぱかったのが印象的だった。

　ちなみに、調理はカセットコンロに１００円ショップで買ったガス缶をセットして行なっている。これをテントの中でやって、火事を起こすホームレスもたまにいる。

　２０００年代前半、多摩川河川敷の橋の下のテントで火事が起きたことがあった。周りには廃品回収で集めてきたバッテリーなど可燃物が山のように積み上げられ、これらに類焼し、バチンバチンと火花が上がって大変な有り様だったという。

橋には真っ黒な焦げ跡が残った。こういう事件が起こると、当局も見て見ぬふりをするわけにいかない。周りのホームレスまで巻き添えをくらって立退きをさせられたようで、皆文句をいっていた。

ホームレスの家族関係

ホームレスというと天涯孤独というイメージもあるかもしれない。

たしかに多くのホームレスは夫婦ではなく、小屋やテントで男ひとりで暮らしている。生活実態調査によれば、結婚経験者は、結婚している人4・7%と離婚・死別をした人29・8%を合わせて34・5%で、結婚経験のない未婚者は65・5%だ。意外に結婚経験者が多いと感じるかもしれないが、ホームレスの平均年齢は61・5歳。昔は今よりも未婚率はうんと低かった。総務省の2015年の国勢調査から導き出せる50代、60代、70代以上の男性の未婚率（中央値）は順に18・8%、11・5%、3・9%。ホームレスの人の未婚率が、同年代の男性と比べると突出して高いことがわかる。

さらに家族・親族がいると回答した人のうち、この1年間で家族・親族との連絡があるかとの問いに、ないと答えた人は78・5%もいる（参考・生活実態調査）。多くのホームレスが実質的には家族と縁が切れていることが予想できる。

実際、僕は「ホームレスの願いを叶える」という雑誌の企画でホームレスの帰郷に同行させてもらったことがある。感動の再会が待っているかもしれないという一縷の望みはあったものの、迎えた親族からは「なんで連れてきたの——！　連れて帰って——!!」とめちゃくちゃ嫌がられた。ふるさとに近づくに連れ、徐々に興奮していたホームレスが、しゅんとなってしまったのを覚えている。その後、血のつながった親族に「帰るんだよな？」と念を押された後、封筒に入ったお金を受け渡されていた。帰りの車中は、なんとも切ない空気が流れた。

一方で、家族・親族と連絡している人が2割（21・5%）を超えることに驚くかもしれない。

「たまに娘が差し入れを持って会いに来るよ」

そういう話を聞くこともある。

「そろそろホームレスやめて帰ってきたら？　っていわれるんだけどさあ」

そんな感覚であるならば、野宿生活よりレジャーのキャンプといえるが……。

真冬の池袋にいた女ホームレスの職業

ここまでホームレス＝男性というのが前提で話を進めてきた。生活実態調査でも、ホームレスは男性が96・2％を占める男性一辺倒の世界であることがわかっている。ただ、女性でも野宿生活をしている人はいる。生活実態調査では3・8％になるが、取材をしている体感としてはこれより少なく感じる。

女性のホームレスが少ない理由は、以下が考えられる。

「男性に養ってもらい、路上生活をしないで済む状態になっている」

「女性を対象とした福祉制度がある」

「性風俗がセーフティネットになっている」

それぞれ問題点はあれど、女性が野宿生活をせずに済んでいるのはいいことだろう。昔から、男性のホームレスよりも女性ホームレスのほうが、野宿生活を離脱しやすいといわれていた。福祉事業も、男性より女性を保護しているのだ。それなのに、こんなご時世に、女性が野宿生活をしているのはよっぽどのことだ。

女性ホームレスと接触して一番に感じることは、まともに会話ができない状態の人が多いということ。男性は、酒に酔って何をいっているのかわからなくなっている人も多いが（酔っていない時は会話が通じる。もちろんシラフでも会話が通じない人もいる）、女性ホームレスで酒に溺れている人は見たことがない。

以前、真冬に池袋駅前に座ってボソボソとうつむいてつぶやいている女性（推定50代後半）がいたので「何をしてらっしゃるんですか？」と話しかけた。女性はニコニコと笑いながら、「ずっと仕事をしてるんだけどね。なかなか終わらなくて、大変なのよ」と話してくれた。口調自体は普通だった。「どんな仕事をしているのですか？」と聞くと「見ればわかるでしょ」という。

彼女の手元を見ると、雑誌やちり紙を小さく小さくちぎり、それをせっせとペットボトルに詰めていた。そしてペットボトルが紙でいっぱいになると足元に置いた。彼女の周りには、ちり紙入りのペットボトルが何十本も置かれていた。

他の話をすると、返事はしてくれる。ただ、少しズレている。少しずつ何をいっているかわからなくなり、聞いていると頭がグルグル回ってくるような感覚になってしまった。彼女はしばらくの間、池袋周辺にいた。

大阪の天王寺の歩道橋では推定60代の女性ホームレスが立っていた。男性のホームレスが女性に話しかけていたが、会話は成り立っていないようだった。話を聞こうとすると、彼女はひとりでつらつらと話し始めた。

「あの時はものすごいありがとうございました。今日は声が出ません。悪い心臓を入れられていますから。アフリカから剝製の心臓をもらう予定ですから。それを交換する予定ですから。アフリカの病院には冷凍された剝製があと何体残っているか、医者に聞いています……」

そういうようなことを、延々と繰り返し何十分も言い続けていた。彼女はどうやら身に起きた出来事を話しているつもりらしい。心臓を入れ替えなければ声が出ない（といいつつ声は出ている）、だから慰謝料をもらわなければならない、と独白は続く。

「5億万兆円もらわないといけません。もらえますか？　もらえますか？　16億万兆円もらえますか？」

近くにいた先ほどとは別のホームレスの男性から、「うるさい!!　黙れ!!　気色悪い」と怒鳴られると一瞬はおとなしくなるのだが、またつらつらと話し始める。彼女は完全に精神を病んでいるように思えた。

２０１５年、歌舞伎町のはずれの路上にいつも倒れて寝ている女性（60代）がいた。暖かい季節はともかく、寒い季節は路上で寝るのは危ない。

2月のある日も女性は路上で寝ていた。パッと見は生きているか死んでいるかわからなかった。心配になってしばらく見ていると、胸が上下に動き、呼吸しているのがわかった。

そのタイミングで、女性が目覚めたので、会話をした。「寒くないですか？」と聞くと「寒いですよ」と答えた。「カイロでも買ってきましょうか？」というと、「カイロもありがたいんですけど、できればコンビニの唐揚げのほうが嬉しいです」といわれた。女性が寝ていたのは、コンビニの前だった。ちゃっかりしているなと思いつつも、唐揚げを買ってきて手渡した。

しばらく話をして生い立ちを聞いた。

「新宿で若い時から、飲み屋さんで働いていた人なの。店のママさんをやっていたり。新宿以外では、ホルモンを焼く食堂で働いていたり。でも本当は中華そばが美味しいの。24時間のお店はいつお客さんが入ってくるかわからないですね。なんていったって、朝の4時頃はとても眠たくなりますね。でもお客さんは次から次に入ってくるのです。新宿では客を引かないとお客さんは、入ってきませんよ。区役所あたりのお店でもみんな客を引っ張ってますよ。昭和の時の生き残りの年を取った人もね。遊んでいては暮らしてはいけないからね」

つらつらと一方的に、話し続ける。若い時分の話や、現状の話もするのだが、いまいち意味がわからない。こちらの問いかけにも一応は反応するが、あまり答えになっていない。結局、わからないまま会話は終わった。

彼女は数年間にわたり、歌舞伎町の路上で寝続けていた。

このように話しかけるとにこやかに答えてくれるけれど、会話は成立しない人が多い。

上野公園の女ホームレスがテントから持ち出したもの

また、話しかけると怒ってくる女性もいる。２０１２年、上野公園でテント生活をしていた女性（60代）に話しかけるといきなり「なにー!!　バカにしてるのか!!　お前みたいなヤツはいつでも殺せるんだぞ!!　そこで待ってろ!!」といって、テントの中に入っていった。待っていろといわれたので待っていると、テントの中からカマを持って戻ってきた。

「お前なんか殺せるからな!!」

そういって、こちらに向かってきたので、ほうほうの体で逃げた。

横浜の寿町のセンター（正式名称・寿町総合労働福祉会館。現在は解体された）の天井がある駐車場に、段ボールを敷いて生活をしている女性（50代）に話しかけると、「あー!!　なんだー!!　殺すのかー!!　私を殺すのかー!!」と叫ばれてしまった。

センターには、活動家系の若い男性が何人かいて、駆け寄ってきた。「（女性に）何した？　殴るぞ？」と拳を突きつけられた。何もしていないので、そのように伝えるが、女性は「殺そうとしたー!!　うわー!!」と怒鳴っている。男性たちも、僕に対して敵対心を持っているのは、ありありとわかった。言い訳をしていたものの横で「嘘だ!!　殺そうとした!!」と怒鳴られたら説得力がない。詰め寄られ、本当に暴行されそうな雰囲気になってきたので、とにかく平謝りしてその場を後にした。

彼女たちの多くは、認知症であるか、精神を病んでいるのだろう。突然奇声をあげたり、ケンカを売ってきたりすることもあるが、腹を立てても意味はない。これはもちろん男性にも当てはまる。

「ホームレスだから強制的に収容する」というのは間違っているだろう。ただ、自分が置かれている状況を認識できない人を路上に放置するのは、やはりよくない。「女性が倒れている」と近くの交番に伝えても、「ああ、あの婆さんはホームレスだからほっといていい」とけんもほろろな対応をされたという話もよく聞く。それは悪質なサボタージュだと思う。

ホームレスと読書と図書館

ホームレスになっても、仕事をしているか食べているか寝ているかだけではない。ホームレスにも趣味がある。ただ、彼らができる趣味は自ずと限られてくる。

たとえば、路上生活者はスマートフォンを持っていることはまずないし、ガラケーすら持っている人は少ない。そのため、ネットサーフィンや動画を見ること、オンラインゲームなんかは無理だ。また、風俗に行くという大きなお金がかかる趣味も難しい。

ホームレスで最もお金のかからない趣味は読書だろう。本はゴミの日に捨てられていることも多い。なお、僕は取材でゴミ屋敷の清掃をしていたことがあるが、最もたくさん出るゴミが本だった。雑誌はもちろん、小説の単行本、漫画の単行本、絵本、カタログ、エロ本……あらゆる本がバンバン出てきた。

ホームレスが廃品回収をしていたら、本を拾う機会は非常に多い。しかも美本や流行りの本であれば、読み終わった後、古本屋に売ればお金になる。一石二鳥だ。

ホームレスの中には図書館を利用する人もいる。たしかに読書が好きなホームレスもいるが、この場合は、どちらかといえば、彼らの目的はエアコンだったりする。適度な室温を保っている図書館はホームレスが昼寝したり時間を潰したりするにもぴったりなのだ。とくに酷暑の日や酷寒の日、また雨の日の利用が多い。

ただ、中にはひどい臭いを放っているホームレスがいて、そういう人が一般の利用客を困らせている。ホームレスの来館が多い新宿区立戸山図書館では、「酒気を帯びた方、異臭を放つ方、及び著しく汚れたり、濡れたりした方の入館はお断りします」と書かれた看板を入り口に掲げている。ドヤ街の山谷を徒歩圏内に抱える荒川区立南千住図書館では、１９９８年の移転時に自由に座れる閲覧席を減らし、学習室の利用を図書カードを持つ人に制限するシステムに変更した。この対応によって、移転前に一日延べ人数で２００～３００人いたホームレスが30人前後に減ったという。ホームレスのテントが多かった隅田公園近くにある台東区立石浜図書館は、２０００年秋に建て替えオープンした際、閲覧室そのものを設けなかった。閲覧室を減らしたり、なくしたりする試みは、ホームレス対応に苦しむ図書館で行なわれている。

こういった対応について、ホームレスの排除だ、と批判する人もいる。たしかにそれはそうなのだが、あまりに臭い人が来ると一般客が利用できない。実際、南千住図書館側も「（ホームレスの人が）あまり増え過ぎるとファミリー層などが利用しにくくなるのも事実。

なんとか『共存』を目指しているが……」（1999年4月14日付朝日新聞夕刊）といっている。ホームレスに塩対応することが、一般人に神対応することになっているわけだ。

あと多少のお金がかかるが、大阪の西成のホームレスは、ドヤ街に数軒あるゲームセンターに通うことを趣味とする者が多かった。この西成のゲームセンターだが、置かれているゲームは、数十年以上前のものばかりだ。最新ゲームはほとんどない。ただ、どのお店にもものすごい数の「上海」ゲーム機が設置されていた。

上海とは、麻雀パイをニコイチで消していくソリティア系のとても地味なゲームである。ただ、上手くなればワンコインで長時間時間を潰せる、非常にコスパのよいゲームだ。

70代以上のゲーマーホームレスは、皆、やたらと上手かった。迷いなくサクサクと消して、クリアしていく。シューティングゲーム、麻雀ゲームも、匠の技で淡々と進めていった。

ギャンブル天国のホームレス

ゲームで済めばいいのだが、賭け事に手を出すホームレスも少なくない。

ちなみに、ホームレスになった理由について、生活実態調査では「仕事が減った」

(26・8%)、「倒産・失業」(26・1%)、「人間関係がうまくいかなくて、仕事を辞めた」(17・1%)が三大理由として挙げられている。意外に皆、普通の理由なのだが、取材していると、ギャンブルにハマって首が回らなくなったからホームレスになったという人が少なくない。生活実態調査では「飲酒・ギャンブル」を理由に挙げるのは８・９%だが、飲酒も含めた数字としては、明らかに少なすぎるというのが20年間ホームレスを取材してきている僕の見解だ。「借金取立により家を出た」(３・３%)をホームレスになった理由に挙げる人の中には、ギャンブルのための種銭を借りていた人もいくらかいると思う。

では、住む家を失って、ホームレスになればギャンブル中毒も治るだろう、と思うかもしれないが、そうでもない。

ホームレスに、空き缶を集めたお金は、何に使うか聞くと、「競馬に行く!!」といわれることがよくある。空き缶は1キログラム集めて１００円程度だ。１０００円集めるのも、なかなか大変である。そのお金を、競馬に費やすというのは、まさにギャンブラーだ。

勝てますか?と聞くと、「半年前に1回勝った!! 勝ったっていっても、３０００円だけど。それ以来負けっぱなしだな……」という、夢も希望もない答えが返ってくる。

ドヤ街には、生活保護で暮らしている亜ホームレスみたいな人がたくさんいるが、彼らの多くは、パチンコで散財している。大阪のドヤ街・西成のすぐそば、もともとフェスティバルゲートという遊園地が入ったキテレツなビルがあった場所に、バカでっかいパチンコ場ができた。個人的に「生活保護費&年金吸い取り場」と呼んでいる。

ドヤ街には競馬のノミ行為を堂々としているお店や、丁半博打をしているお店もあって、昭和にタイムスリップしてきたような気持ちになる。

ホームレス同士でギャンブルをしている人もいる。東京のドヤ街・山谷の玉姫公園では、日がな将棋を指している爺さんたちがいる。賭け将棋をしているのだ。東京の多摩川河川敷に行くと、テーブルを囲んで、カードゲームや麻雀をしている人たちと遭遇することがある。話しかけても、ビリビリと殺気立っていて、話はほぼ聞けない。テーブルの上を見ると、十円玉や百円玉が積んである。

このように、環境自体も、ギャンブルをやめさせてくれないわけだ。ただ、ギャンブルで身を持ち崩すのは悲しいことだけど、ホームレス生活をしながら、たまにギャンブルでドキドキを楽しめるならいいかな、とも思う。

「段ボーラー」「ブルーシーター」のホームレス

「ホームレス」とは「家がない」という意味なので、「ホームレスの住居」という言葉は矛盾している。だが、現実問題として、人はどこかで眠らなければならない。眠る場所＝住居と考えて大きく間違ってはいないだろう。

毎日、ねぐらを変える移動型ホームレスもいれば、ひとところに落ち着いて生活する定住型ホームレスもいる。昔はドイツ語で「ぼろ着をまとう者」を意味する「ルンペン」という言葉を路上生活者に投げかける人もいた。この言葉には、街を徘徊する浮浪者という意味合いもあったため、いまだにホームレスはねぐらを変える人が多いと思っている人もいるかもしれない。

しかし、生活実態調査によれば、寝場所が決まっていない人は22・５％、決まっている人は77・５％。つまり、多くのホームレスが寝る場所を決めている。

ただ、これは昔もそうだった。警視庁がまとめた「浮浪者の実態」白書によれば、１９５８年末時点で、浮浪者は４１８０人だったが、このうち90％は仮小屋を建てて暮らしており、「はいかい浮浪者」は４１５人と10％ほどしかいなかったという（１９５９年5月8日付朝日新聞）。昨今は公園や駅舎の警備・管理が強化されており、ねぐらが決まっていない人の割合が徐々に増えてきているものの、ホームレスの多くは依然、寝る場所を決めている。

では、彼らはどんな寝床を作っているのか。住居については、即席で作ったものから、しっかりと建てたものまで、かなり差がある。

まずイメージするのが、段ボールを敷いて横になっているホームレスの情景だろう。生活実態調査によれば、野宿の形態について「ダンボール等を利用して寝場所をつくっている」と答えている人は23・4%。

段ボールは入手しやすく、加工しやすい。断熱性も高く、防寒効果も優れている。また撤去するにも楽に壊せるし、廃棄する際も金属ほど高くはないが古紙として買い取ってもらえる。ホームレスにとって、とても使い勝手のいい素材なのだ。

ただ、紙なので、雨風にはめっぽう弱い。なるべくなら屋根のある場所に設置したい。寝場所としては駅舎を選んでいる人の多く（38・3%）が持ち運びも簡単な段ボールを利用している状態だ（参考・生活実態調査の分析結果）。

かつては東京の新宿駅西口地下にずらりと段ボール製のしっかりとした家が並んでいたが、あれも屋根がある場所だったからである。大久保や渋谷の線路の高架下には、段ボールで作った小屋で眠る人がいた。昔は、名古屋の若宮大通の上を走る高速道路の下にはたくさんのホームレスが住んでいたが、１９９７年に強制退去が行なわれ、ずいぶん数を減らした。屋根と壁がある場所は、やはり眠りやすいのだ。

しかし、２０００年代以降は、段ボールハウスのような小屋型のものを建てる人はなかなかいない。どういうものを作るかといえば、棺桶状のねぐらだった。段ボールをボックス状に開いて底と天井を開け、それらを重ねていき四角い煙突状にしたものを地面に置いて、その中で寝る人が多かった。それらが駅前や高架下の路上にいくつも並んでいたが、この形状も近年あまり見かけなくなった。以前に段ボールを使って野宿をしていた男性（60代）が理由を教えてくれた。

「そういう風に段ボールにくるまって寝ていると暴力を受けやすいんだよね。酔っ払ってるサラリーマンや学生に蹴られたり、踏まれたりする。火のついたタバコを投げ込まれたりね。駅前で寝ていて一度も暴力受けたことない人はいないと思うよ」

中には大ケガをさせられたホームレスもいるという。棺桶状のねぐらが棺桶になってしまったら、ホームレスとしてもたまらないだろう。

そこで、２０２０年現在は段ボールで人が歩く側に壁のような低い囲いを作ってから、その段ボールベッドスペースに寝袋や布団を敷いて寝ているホームレスが多い。天井はあえて作らず、通行人にも上から見られる状態にするのだ。

通行人から丸見えという状態は不安な気持ちになると思うが、完全に段ボールで囲ってしまうより暴力を受けるケースは減るようで、いざ暴力を受けた際には逃げやすいのだという。ただ、天井を作らないため、ほとんど防寒効果は期待できない。外で寝ているのと変わらないため、寒い季節には、かなり身体にこたえるそうだ。

そこで、ある程度路上生活に慣れてくると、テント生活を試みるホームレスが増えてくる。まれに市販のテントを張っている人がいるが、多くのホームレスは、ブルーシートを使ってテントをＤＩＹする。

ブルーシートはレジャーに利用したことがある人も多いと思うが、とても丈夫で安い。花見のシーズンには、使ったものをそのまま公園に捨てていく人が多く、ホームレスはこれを無料で手に入れる。公園内で暮らしている多くのホームレスは、この自作テントで生活していた。人気お笑い芸人がホームレスのことを「段ボーラー」「ブルーシーター」と表現していたが、あながち間違いではない。ブルーシートの青がとても目につき、段ボールハウス同様、ブルーシートテントはホームレスを象徴するものだ。

緑が豊かな公園では、木と木の間にロープを張り、そこにブルーシートをかけて三角形のテントにしているものが多かった。段ボールや木材で簡単な小屋を作り、その周りをこのブルーシートでぐるりと覆って防水仕様にする人もいる。公園内にそもそもあった遊具を骨組みに使い、そこにブルーシートテントをうまく建てている人もいた。ここまでくると、即興で作った段ボールベッドと違って、不法占拠感は高くなってくるため、管理や警備の厳しくない場所を選ぶ必要が出てくる。

公園や道路で路上生活をする人たちは、このようなテントや小屋を常設して暮らす人が多い。生活実態調査の分析結果によれば、公園で34％、道路では39・6％がそのような形で暮らしている（ホームレス全体では43・2％がこのような常設テント・小屋で暮らしている）。

繁華街での小屋掛け、辺鄙な場所の廃屋

かつては繁華街にも、公園や路上に小屋掛けしている人がたくさんいた。「小屋を建てる」という行為はある種、覚悟を感じる。

一時的に家を失い、しばらく路上で寝たり、車上生活をしたり、ネットカフェで暮らしたりすることは多くの人にありえる。ただ、ほとんどの人は数週間ないし数ヵ月以内に、仕

事を見つけたり、身を寄せる知人宅を探したり、生活保護を受けたりして、野宿生活から離脱する。小屋掛けは、野宿生活をしばらく続けていくという覚悟があってのことなのだ。
ただ、都市部の公園や路上に小屋を建てる場合は面積が限られる。あまり大きな小屋は建てられない場合が多い。

かつて川崎競馬場と川崎競輪場の近くの道路にはたくさんの小屋が並んでいた。低木の街路樹と街路樹の間の狭い空間に建てられているので、ギリギリ人が寝られるほどの小さい小屋だ。しかし、小さいながらも屋根、窓、ドアがあったり、ぬいぐるみを室内に飾ったりと、しゃれた家が多かったが、管理や警備が厳しくなったため、今はほとんど見かけなくなった。

ちなみに、ホームレスがねぐらとすることを排除するために、昨今は排除アートが施される建造物も多い。排除アートとは、ベンチや公共スペースが所有者の意図に外れた形で使われないよう、意図的に手を加えられたデザインにしたものだ。要はホームレスが横になって寝床にすることを防ぐためのものである。たとえば、ベンチの真ん中に手すりをつけたり、ベンチに角度がついていたりするのは、排除アートの一例だ。これらがあると、ホームレスはベンチに横になって夜を明かすことができない。

ただ、人を排除するための細工というのは見ていて気持ちがいいものではない。また、ホームレスに長居をさせないための工夫が、結局一般の利用者にも使いづらいものになってしまった場所もあり、本末転倒というしかない（排除アートについては第4章で後述する）。

また、多くはないが、人が住まなくなった空き家、廃屋にホームレスが住み着くケースもある。もちろん違法だ。ただ、都心部の空き家に住むのはとても目立つのでそういった人は見かけない。もし住み着いたとしても、すぐに警察を呼ばれて追い出されてしまう。これは、住宅街にある小さな公園も同じで、誰かが住み着くとすぐに通報される。住宅街は、住人の目が厳しいのだ。

ところが、都心部ではなく山などの辺鄙《へんぴ》な場所にある廃屋に、ホームレスが住むことがある。廃墟《はいきょ》、廃屋を回ることを趣味にしている男性に話を聞いたことがあるが、散策している時に、ホームレスと思われる住民とバッティングすることがあるとのことだ。どちらも招かれざる客であるわけで、お互いびっくりするに違いない。

しかも、ごくまれに亡くなったホームレスを発見してしまうことがあるという。もちろん亡くなった人が本当にホームレスだったかはわからないが、しばらく生活した跡があったようなのでおそらくそうなのであろう。「警察に電話して、匿名で情報だけ伝える」とのことだった。僕も樹海に何度も足を踏み入れているが、遺体と対面したら、とりあえず警察に電話を入れるようにはしている。

ちなみに総務省の「住宅・土地統計調査　住宅及び世帯に関する基本集計結果」によれば、空き家数は増加の一途をたどり、２０１８年10月時点で８４８万９０００戸。総住宅数の13・６％を占めている。野村総合研究所は、今後、空き家特措法施行後の除却・用途転換の傾向が続いたとしても２０３３年には空き家率は、総住宅数の17・９％まで上昇するという試算を出している。人口減少も働き、この手の空き家が増えた先には、適切な処理ができないことで増えた廃屋の街ができることも考えられるだろう。何らかの対応が迫られるかもしれない。

ホームレスが死亡するとどうなる?

ホームレスの遺体について触れたため、ホームレスの死について記しておきたい。

多くのホームレスは死にとても近い場所にいる。彼らのほとんどは60歳以上の男性だ。75歳以上の後期高齢者も少なくない。つまり平均的な生活をしていても病気になる可能性が高い年齢の人たちだ。そのうえ、彼らの住まいはとても過酷な環境だ。夏は暑く、冬は寒い。雨風も完全には防げない。老人にはひどくこたえる環境だ。さらに、彼らはまず予防医療を受けていないし、病気になってもなかなか病院には行かない。それどころか先述したホームレスの平均的収入では、風邪薬を買うのさえ難しい。彼らは落ちたら「即、死」の、綱渡り生活をしているといえる。

しかし、実際のホームレスの死は劇的なものではない。ただただ冷たくて、そして寂しいのが彼らの死だ。

僕がホームレス取材を始めた２０００年前後は、上野公園には数百人のホームレスがテントを張って生活していた。その頃は不定期的に「特殊清掃」という活動がなされていた。朝からホームレス全員が荷物を全部持って一旦立ち退き、その間にゴミなどを清掃するのだ。

しかし、時間を過ぎても一向に移動しないテントがポツリポツリと残る。

「そういうテントを開けてみると、中で冷たくなってるってことが多いよ。冬場のほうが多いね。とくに酒飲みはね。俺も気をつけないと危ねえなあ」

当時上野公園で生活していた男性（60代）が教えてくれた。警察が呼ばれ、死体は淡々と運ばれていく。僕が取材で話を聞いた人も、あっさり亡くなってしまった。「人はこんな簡単に亡くなっていくのか……」と強い衝撃を受けた。

ホームレスが亡くなった後はどのような扱いをされるのか。ホームレスの多くは、身元がわからない場合が多い。今回は、結果身元が判明しなかった場合のホームレスに絞る。

遺体の発見者などが警察に通報し、警察官が現場に確認に向かう。調査をして身元がわからない場合、「行旅死亡人」の扱いになる。行旅死亡人とは氏名・本籍・住所がわからず、遺体の引き取り手がわからない死者のことだ。遺体は「行旅病人及行旅死亡人取扱法」にのっとり、亡くなったことを確認した自治体に受け渡される。

これは、戸籍法の第92条第1項「死亡者の本籍が明かでない場合又は死亡者を認識することができない場合には、警察官は、検視調書を作り、これを添附して、遅滞なく死亡地の市町村長に死亡の報告をしなければならない」にのっとっている。ちなみに、遺体そのものは、自治体に受け渡されず、警察当局から葬祭業者に運ばれ、そこで保管される。

自治体は、死亡届を提出し、火葬許可を役所内で迅速に申請する。同条第3項「第1項の報告があった後に、（省略）死亡者を認識したときは、その日から10日以内に、死亡の届出をしなければならない」にのっとって処理されるのだ。

火葬許可が出たのち、葬祭業者が火葬を実施し、お骨についてはその後3年間はそこで保管される。

まったく引受人が探されないわけではない。政府が一般国民に知らせる事項を編集し、毎日刊行されている官報には、行旅死亡人の情報が載せられる。氏名・本籍・住所は不明と書かれるが、亡くなった時の本人の特徴（体格、頭髪、服装）や発見された日時と場所、推定死因も記載される。最後には「心当たりの方は連絡ください」と書かれている。

だが官報をチェックしている一般人はいない。だからほとんどの場合、引受人は見つからない。万が一見つかった場合も受け取りを拒否されることも多い。

引受人が現れない場合、合葬にされる。たとえば川崎市の場合、高津区にある無縁納骨堂でなされる。火葬や官報の掲載料などの費用については、自治体が立て替えることになる。

ドヤ街の夏祭りとホームレスの死

ホームレスがたくさん住んでいる、いわゆるドヤ街でも死は日常だ。

2013年頃の真夏に、僕は東京のドヤ街・山谷を取材していた。明治通り沿いの歩道に男性が仰向けで寝ていた。ドヤ街ではよくあることなので、とくに気に留めなかった。多少顔色が悪いかな？　と思ったくらいだった。取材を終えて戻ってくると、救急車が到着していて彼を運び入れていた。一部始終を見ていた男性に話を聞くと「いつの間にか亡くなっていたみたいだね。酔っ払ってひなたで寝ているうちに熱中症になったんじゃないかな？　夏場は危ないよね」と淡々といった。ドヤ街ではたまに人が亡くなっているのを見るので、慣れっこになっているのだ。

　ドヤ街でも8月に夏祭りが開催されることが多い。路上生活者、日雇い労働者、その支援団体などの人たちで盛り上がるお祭りだ。そのお祭りの片隅には、1年以内に亡くなったホームレスの写真が貼り出される。壁に何十枚も貼られた写真を見て、人知れずこんなに亡くなっているんだといつも驚く。

　僕が1999年に名古屋の笹島で開催された夏祭りを取材している時、どのような人がどのような死因で亡くなったのかを発表していた。実に44人が亡くなったのが確認され、死因の1位はガン、2位は心臓病、3位は自殺だった。その他にも、ひき逃げ、他殺、焼死など事件性の高い死因もあった。発見された時はミイラになっていて、いつ亡くなったのか、死因がなんだったのか、わからない遺体もあったらしい。

ホームレスが自殺をしたという話も、時々耳にした。東京都庁ビルの隣にある、新宿中央公園で60代のホームレスに話を聞いていると、同年代の知人が亡くなったといっていた。

「彼は、公園で出会った女性と付き合ってたんだけどね。ふられちゃってずいぶん落ち込んでたんだけど、ある日公園の木で首を吊って死んでたんだよ」

そう寂しそうに語る。彼いわく、女性も男性の死後、公園内で居場所をなくしてしまい、いつの間にかいなくなってしまったという。

また、絶対数は少ないが一般人による暴力により亡くなったホームレスや、ホームレス同士で縄張り争いになったあげく殺人に発展したというケースも実際にある。

ホームレスより怖い中高生

ホームレスについて、「汚い」「臭い」というイメージを持っている人も多いが、より漠然と「ホームレスは怖い」と思っている人もいる。とりわけ、女性には多いかもしれない。

先述した通り、そもそもホームレスはほぼ男性だ。加えて、周りに誰もいないのに怒鳴り散らしていたり、突然奇声を発したり、不衛生にしてゴミを散らかしていたりなど一般人に迷惑をかけるホームレスも一部いるので、怖いと思われているのはある種、仕方がない。

ただ、ホームレスに話を聞く身からすると、一般人のほうが怖いと思うことがある。

「中学生らしき集団に花火を打ち込まれた」

「身体やテントに火をつけられた」

「酔っ払ったサラリーマンに蹴り飛ばされた」

「自転車を投げつけられた」

このような未成年や酔っ払いを代表とする一般人によるホームレスへの暴力話には枚挙に暇がない。生活実態調査では、14・7%のホームレスが「ホームレス以外の人にいやがらせを受けて困っている」と回答している。

ホームレスへの暴力事件については、１９８０年代初頭に起こった横浜浮浪者襲撃殺人事件が有名だ。横浜市内の公園や地下街でホームレスが次々襲撃されたのだ。犯人は、市内にある中学校生徒を母体とした未成年の不良グループ「恐舞連合」。同じく市内を拠点とする不良グループ「中華連合」とケンカして負けたことから、ケンカの練習台としてホームレスに目をつけた。

途中からはストレス解消や暴力そのものを楽しむような状態になり、少なくともこの不良グループは２人のホームレスを殺めた。なお、この他に２人が殺されており、別の〝ホームレス狩り〟を行なうグループもあったのではないかと指摘されている。

それ以降も、このような未成年によるホームレス襲撃事件は断続的に起こっている（その一端は第5章で紹介する）。

ホームレスの敵「マグロ」とは？

ただ、ホームレスの敵は、ときにホームレスでもある。ホームレスから物を盗る泥棒を、「シノギ（屋）」「マグロ」と呼ぶ。

先述した上野公園の特殊清掃では、運び出された荷物は近所のお寺のわきに並べて置かれた。ホームレスは、ずっと見張っているわけにはいかない。

「くそう、盗まれた！」

「あいつ!!　俺の荷物を盗んだな!!」

現場では、怒号が飛んでおり、実際盗みは発生していた。

ホームレスの荷物を盗むのは、たしかにホームレスしかいないだろう。やったやっていないでケンカも発生し、とてもギスギスした雰囲気になっていた。

当時、上野公園で暮らしていた男性（70代）に話を聞くと、「荷物盗むヤツはいるよ。

見つかって怒られても懲りずにまた盗む。病気なのかもしれんね。だからみんな基本的には大切な物は肌身離さず持っているよ」といい、シャツの首元から紐でつるしたがま口サイフを出してくれた。そこには数千円の現金と図書館のカードが入っていた。大事な物を腹巻きや靴の中に入れている人もいる。

ただ、留守や不在時に持ち逃げするだけではない。眠っている時に暴力を振るって、のたうち回っている隙に金品を奪う場合もある。大阪のドヤ街・西成で、推定50代のホームレスに話を聞いた際、彼の左目の周りが赤く腫れて大きなアザができていたのが気になって聞いてみたことがある。

「ん、これか？　昨日シノギにあったんや。飯場《はんば》で稼いできた6万円を全部持っていかれた。今はスッカラカンや」

しかも彼がお金を取られたのは初めてではなかった。飯場からお金を持って西成に帰ってくるたび、酔っ払って寝ている時を狙われ、シノギにお金を奪われるという。

「シノギのヤツらは、飯場から帰ってきて現金を持ってる人間を嗅ぎ分けるんよ。それでわしが飯場から帰ってくると、いっつもお金盗られてしまうんや」

このような話を笑って話す彼もすごいが、西成のシノギは荒っぽいと以前からよく聞く。

西成を根城にしているホームレス（60代）は怖そうに次のように語っていた。

「寝ているといきなりナタでアキレス腱切るヤツらいるってよ。走って追いかけてこられないように。物を盗まれても困るだけだけど、アキレス腱切られちゃったら病院行くしかないからね。恐ろしいよ」

シノギ屋には、ホームレスだけでなく、外国人系の窃盗団もいるらしい。

「寝ていたら突然集団にボコボコにされてサイフを盗られたことがある。しかも1回じゃないよ。犯人は中国人たちだよ！」（西成に住む50代のホームレス）

もちろん犯人が捕まったわけではないので、「中国人の窃盗団」というのは彼の想像だが、窃盗する者が中国語を話すところを聞いたというホームレスは西成以外でも何人もいた。

野宿をする人にとっては、外部の人も、同じホームレスも敵になりうるのだ。彼らが安眠できる日はない。

ホームレスを熱海に連れ去った病院

また、路上で暮らしていると、思わぬ人たちが接触してくることがある。

２０１２年の冬、東京都庁ビルの隣にある新宿中央公園で60歳くらいのホームレスに話を聞いた際、「チンチンに管が刺さってて、四六時中気になってすごくつらいよ」といわれた。

意味がわからなくて、「どういうことですか？」と聞き返すと、男性は片手に持っているバッグを開けて、中からしっかりとしたビニール製の袋を取り出した。

「これは医療用の尿バッグなんだよ。管の先端が直接、尿道に刺さってるんだ」

そういうと服をめくって見せる。お腹には、かなり大きい切開の跡があった。たしかに管の先端はパンツの中に入っている。どうしてそんな事態になったのかを尋ねると、その男性はこう答えた。

「いつも通り公園で寝ていたら、背広を着たヤツらがやってきて『体調悪くないですか？』って聞くんだ。『最近はちょっとオシッコの出が悪いな』っていったら、じゃあ病院で診ましょうといって、そのままバンに乗せられて、熱海まで連れていかれたんだよ」

新宿から熱海までは、高速道路で約2時間の距離だ。ホームレスを医者に診せるために移動する距離ではない。彼は病院に着いたらすぐに検査を受けさせられ、前立腺肥大症という診断が出て、そのまま手術をすることになったそうだ。

前立腺肥大症は、たしかに、排尿に障害が出る場合、手術の選択もある疾患だ。ただ、この疾患は、50代を超えるとかなりの確率で起こる。50歳で30%、60歳で60%、70歳で80%、80歳で90%に見られる症状といわれているが、すべての人が治療を必要とするわけではないことでも知られている。[*3] この新宿のホームレスを、わざわざ熱海に連れていってまで手術する必要があったのだろうか。

なお、この男性は、手術が済むと、数日したら病院を追い出され、車で元いた新宿中央公園に連れてこられて、降ろされたという。

「とにかく痛いし、邪魔だし、困ったもんだ」

男性はそう愚痴をこぼしていたが、開腹手術が終わったばかりのホームレスを、不潔な野宿生活に戻して、健康にいいはずがない。

ホームレスが訝しがる「病院手配師」

医療関係者に話を聞いて調べてみたところ、手術をしたのは、かなり悪どい稼ぎ方をしている病院として有名なところだった。

ホームレスにケースワーカーをつけ、生活保護を受けさせたうえで、診療報酬を不正に受給するやり口だ。

実はこのような稼ぎ方をする病院は少なくない。ちなみに新宿のホームレスの間ではホームレスに声をかけて病院に連れていく人たちを、「病院手配師」と呼んでいた。固有の呼び名がつくほど数がいるのだ。

ホームレスから話を聞いてすぐに、奈良で起きた「奈良・山本病院の診療報酬不正、患者死亡事件」を思い出した。山本病院では、大阪のドヤ街・西成にある生活保護受給者向けのマンションに直接出向き、入院の勧誘をしていた。実に入院患者の６割が、生活保護受給者だったという。

そして入院患者に、心臓カテーテル検査を行なったように装い、診療報酬を騙し取っていた。２００５年度には２７５件、２００６年度には１９６件の心臓カテーテル検査を実施したと記録されている。

手術を装っていただけならまだよいのだが（よくはないが）、何をとち狂ったのか本当に手術までし始めた。患者に対し、「手術やらんと死ぬで!!」と、とても荒い口調で手術を勧めたという。そして、手術は失敗し、患者は亡くなった。

そもそも「病院内で児童に暴言をはいた」「投薬の量を看護師に決めさせている」「診察

の態度が非常に悪い」等、度々問題になる病院だったというが、金のために無理やり手術をするのはあまりにひどい。

そして魔の手はドヤ街住人以外にも伸びて、山本病院で勤務する狭心症のある女性看護師に、半強制的に心臓カテーテル手術を施し、死亡させてしまった。もうめちゃくちゃである。

まるでサスペンス映画のような、恐怖の治療を繰り返した山本病院は、元理事長らが逮捕されて幕を閉じた。

ホームレスを食い物にする貧困ビジネス

ただ、山本病院ほどひどくはないにしろ、似たような稼ぎ方をしている病院は全国にたくさんある。

大阪のドヤ街・西成では、貧困ビジネスが流行っている。

そもそもドヤ街とは労働者が泊まるホテル街なのだが、ホテルをやめて、生活保護受給者のためのアパートに変えるところが相次いでいる。日雇い労働者の数は年々減っているし、生活保護受給者は増えている。当たり前の選択ともいえる。

そして生活保護の受給を受ける老人ばかりの街には、病院や介護施設が増加する。看板には「生活保護取扱い」と大きく書いてある病院も多い。

そんなドヤ街近くにある病院で働く看護師に話を聞くと、「患者のほとんどは生活保護受給者ですからね。患者は自分でお金を払うわけじゃないから、いくら高い治療でも平気です。先生もそこらへんは踏まえてますから、看護師として見ていて、『その注射は打たなくていいんじゃないかな？』と思う注射をドンドン打ちますね。あからさまにお金を稼ごうとしています」と話してくれた。

そんな貧困ビジネスを働く病院の中でも、とくにホームレスたちから「ヤバイ」といわれているのが、２０２０年２月現在、都内に６つの病院施設を持つＥクリニック（仮名）だ。ここは、山本病院のような手術をする病院ではない。アルコールなどの中毒からの回復を目的とする、精神科の病院だ。

たしかに、ホームレスや生活保護受給者は依存症患者が多い。アルコール依存症はいわずもがなだが、ギャンブル、シャブ（覚せい剤）、風俗などにハマってホームレスになった人もいる。それを治すなら悪くないともいえるのだが、関係者はこう語る。

「現場で見ていてかなりヤバイなって感じがします。患者のほとんどはアルコール依存症なんですが、毎日どこかからバンで連れてきて、クリニックで監禁。その中にはホームレスや元ホームレスがたくさんいます。そこで生活保護を申請しつつ、本人の銀行口座や現金を取り上げてしまうんです」

現金を取り上げるのは、一応、「患者が勝手に酒を買わないようにする」という名目らしい。

「彼らの持ち物も全部捨ててしまうんですよ。生活に支障のない程度に整理するといっていたのに容赦なく。本当に収容施設って感じです」

囲い込み治療と呼ばれていたこのやり方は、異常なまでに儲かるのだという。どう見ても、法の目をかいくぐり、生活保護制度を利用して儲ける病院に見える。

この病院を悪質と思うかどうかは、読者の皆さんに判断を仰ぐことにするが、生活保護受給者の医療扶助を狙う病院が今後ドンドン増えていくのは目に見えている。

念のためにいっておくが、それらの医療扶助は、国民が納めた税金から捻出されている。「自分の払った税金が、ホームレスの無駄な治療費に充てられて嬉しいな」と思う人はいないんじゃないだろうか。どうしても使うなら彼らの役に立つように使われてほしい。

70年ほど前のホームレスはどう見られていたか

本章で紹介してきたように、ホームレスは廃品回収業で生計を立てて、街中に寝床を作るというグレーなことをしてしまう人たちだ。ただし、それだけで「ホームレスは怖い」といわれるのは、なんだかなぁと思ってしまう。

それでも怖いと思う人には、１９５２年12月18日付の朝日新聞夕刊が伝えている、上野駅にいるホームレスの様子を見ると、少しは見方が変わるかもしれない。

「（昭和）二十二、二十三年ごろは千人を超えて地下道にうごめき、毎朝のように凍死者が出た。そのころはヒロポンの密売、家出娘の誘拐、かっぱらい、スリなどでその日を暮し、犯罪の巣ともなっており、彼らのほとんどが戦災者や引揚者だった。

同じ姿で浮浪者が冬を越そうとしているが、その半分以上は日雇いをやり、そのほかもバタ屋（筆者注・廃品回収業）、モク拾い、コジキなどで犯罪との縁は全く薄れていると上野署では安心している。前身を調べるとたいていは地方から職を求めて上京したもので、家も職もなくとうとうここに住みついた人たち。（省略）「狩りこみ」（筆者注・浮浪者の一斉収容）があっても昔のように反抗するものはなくなった。京成地下街あたりでは彼らが来ると商売の邪魔になるといって、殴ったりけったりされることもあるが、それに反抗する気力もなく逃げてゆく…というのがこのごろの浮浪者である」

70年ほど前のホームレスの姿をルポしたものだが、「地方から職を求めて上京したもので、家も職もなくとうとうここに住みついた人たち」で、「犯罪との縁は全く薄れていると上野署では安心している」ような人たちということだ。生活実態調査によれば、東京都や大阪府など都市部に偏って住むホームレスの出身地（中学を卒業した時点〈卒業していない人は15歳時点〉で生活していた場所）は今路上生活をしている都道府県外が71・1%。つまり、今のホームレスも地方出身者が多いことが考えられる。

　現代のホームレスは、たしかに万引き等をして捕まる人はいるし、空き缶を回収するために許可なく集合住宅のゴミ収集所に侵入を試みる人もいる。お酒に酔って（もしくは酔ったふりをして）一般人に暴言を吐いたり、ホームレス仲間に暴力を振るってしまったりする人もいる。しかし、凶悪な犯罪と密接につながったホームレスは多くない。海外だとホームレスには薬物依存症が多いが、日本のホームレスは麻薬に手を出している人は2020年現在ではあまりいない。いるのはせいぜいアルコール依存症の人である（これも十分怖いが）。

　本章でホームレスの生態について数字・データも使って紹介してきたが、ホームレスが皆悪党というわけでもないことはわかっていただけたかと思う。

　次章は、本章でもところどころで触れていたが、ホームレスの第二の故郷ともいえる日本のドヤ街について紹介する。

（注）

＊1―全日本民医連「路上生活者に多数の精神疾患 日本で初の調査 森川すいめい医師（精神医療交流集会の講演から）ＩＱ70未満の人が34％も　生活保護の受給にも壁が（「民医連新聞」第一四九五号２０１１年３月７日）」（２０１１年３月７日　https://www.min-iren.gr.jp/?p=14969）

＊2―全日本民医連「路上生活者１１４人に精神保健調査　〝6割に障害〟 明らかに―精神医療は貧困とどう向き合うか（「民医連新聞」第１５９８号２０１５年６月15日）」（２０１５年６月16日　https://www.min-iren.gr.jp/?p=23743）

＊3―旭化成ファーマ株式会社「前立腺肥大症の原因と症状（監修・名古屋大学大学院医学系研究科泌尿器科学教授・後藤百万）」（https://www.asahikasei-pharma.co.jp/health/prostate/symptom.html）

第2章

ルポ・日本のドヤ街

日本のドヤ街の形成

　ドヤ街という言葉を耳にしたことがある人は、本書を手に取る読者であれば少なくないだろう。最近では、大阪府の西成や東京都の山谷などの有名ドヤ街がテレビで紹介されることも多くなった。

　ドヤとは宿（ヤド）の隠語である。堅い言い方をすれば簡易宿泊施設だ。主に日雇い労働者のためのホテルである。求人業者と求職者が多数集まる場所ということで、ドヤ街は寄せ場と呼ばれることも多い。

　ドヤ街では、かつては盛んに日雇い労働が斡旋されていた。敗戦後の復興、そして１９５０年代中頃から１９７０年代初頭までの高度経済成長期に、働き盛りの20〜30代の若者が日雇い労働者として全国の寄せ場に吸い寄せられていった。農村出身の中卒者が「金の卵」（１９６４年の流行語）として都市に流入していた時期である。それら安い労働力が供給されたことで、戦後の日本は文字通り再建していったのだ[*1]。

　戦後のドヤ街については、広島のドヤ街で働いていた年配の女性にインタビューをしたことがある。原爆が落とされて日本は敗戦を迎えるが、その数週間後にはドヤ街が形成され、全国から労働者が集まってきていたという。原爆で被爆をした彼女は、韓国人が経営する「ドンドン屋」という名前のドヤの食堂で働いていた。ちなみに映画『仁義なき戦い』の1作目の冒頭では、広島の戦後のバラックが立ち並ぶ町並みが再現されている。彼女いわく、当時恐れられていたのは、広島の地元のヤクザよりも、関東から来た人たちだったという。

「関東の人たちは、口数が少ないけど、急に刃物でパンッと刺してくるからみんな恐れていたね」

全国から労働者が荒廃した都市部に集まり、再興していったのだ。

なお、かつてドヤ街を渡り歩いたというホームレスの男性たちに話を聞くと、「高度（経済）成長期（１９５５～１９７３年）の間はすごかったよ。手配師の車がズラーッと並んでね。人手が足りなくて、とにかく来てくれっていわれるんだ。ヘルメットも安全帯もこっちで用意するからって」「とくに東京オリンピックの時は景気がよかった。仕事が溢れていて、山谷に行けば誰でもいくらでも稼げた」などと、当時を懐かしむ声が多い。

東京のドヤ街・山谷地域に居住する日雇い労働者に対して職業紹介を行なう公益財団法人城北労働・福祉センターの１９６５年度から２０１８年度までの求人総数（月平均）を見

ると、１９６９年度の４万８９４７件が該当期間のピークである。[*2] 景気がよかったこの時代は、日雇い労働者も稼ぐことができたわけだ。

なお、１９６７年に作られた演歌『釜ヶ崎人情』や１９６８年に発表されたフォークソング『山谷ブルース』を聴くと哀愁しか漂わないが、そういう面だけではなかったようだ。今の時代の日雇いと当時の日雇いはイメージが違う。社会福祉学者の川上昌子は『日本におけるホームレスの実態』（学文社／２００５年）で、高度成長期において日雇いという雇用形態を自ら望んでなることは、労働者の主観においては「上向的な移動として受け止めた者が少なくな」（15頁）かったと指摘している。日雇い労働者を調達するためには、従来よりも賃金をいくばくか高くしなければならないわけだが、このことが「中小企業の低賃金労働者をして地域で慎ましく生きることを放棄せしめた」（同16頁）というのだ。つまり、失業をしたから仕方がなく日雇いになったのではなく、ある種の希望を抱いて上京してきた人もそれなりの数がいたわけだ。

１９７０年代生まれの僕からすれば、１９８０年代後半のバブル時代に、高給のアルバイト求人が急増し、「フリーター」という言葉が定着、新しい雇用形態として〝イケている〟ものとして扱われていたことに近いのかもしれない。今フリーターという言葉を聞いて、プラスのイメージを持つ人は少ないと思うが、当時は、サラリーマンと違って自由（フリー）を手に入れた人というイメージもたしかにあった。

ただ、高度成長期も永遠には続かない。「高度成長期後のオイルショック（１９７３年）以降はてんでダメだよ」と多くのホームレスが口を揃えていう。彼らにしてみたら、１９７３年頃から今までずっと不景気だということになる。

もちろんバブル景気の時代は高度成長期ほどではなかったにせよ、仕事はたくさんあった。先述した山谷のセンターの求人総数（月平均）を見ると、バブルが始まる前の１９８５年度には１万４５７７件だったが、１９８９年度には３万５５９６件にまで増えている。当然、困窮して野宿生活をする人の数は少なかった。

日雇い労働者の街兼ホームレスの街

ドヤ街は日雇い労働者が集まる街であり、ホームレスが集まる街ではなかった。しかし、１９９０年代初頭にバブルが崩壊した後、ドヤ街は日雇い労働の街という顔以外に、ホームレスの街という顔も持つようになる。

これは、ドヤ街を根城にしていた日雇い労働者がそのままホームレスに転落するケースが増えたのが一つの要因だ。[*3] 再び山谷のセンターの求人総数（月平均）を見ると、１９９３年には１万３６８５件まで減少。１９９８年以降は常に１万件を切っている。

当時、日雇い労働者がホームレス化していた社会情勢については、１９９４年７月16日付の朝日新聞夕刊も報じている。１９９４年６月、大阪のドヤ街・西成（あいりん地区）で労働者に仕事を斡旋するあいりん総合センターが、ドヤに泊まれない労働者の急増に配慮し、１階の巨大ホール（約３７００平方メートル）のスペースをねぐらとして夜間に初めて開放した。サッカー場のハーフコート（３５７０平方メートル）より若干広いホールに、６００人あまりの野宿者が寝起きをしていたそうだ。近隣には５５０円で泊まれる簡易宿があるのだが、それでも利用者は増えなかったようで、ドヤ全体の半数が空室状態だったという。大阪市保護課が毎年８、９月に行なっていた調査によれば、あいりん地区の一晩の野宿者数は１９９１年には１８１人だったのが、１９９３年には３２０人に増加。１９９４年の野宿者の正確な数字は、大阪市が当時の記録を残していないということで今回の取材でわからなかったのだが、西成の日雇い労働組合の組織は、同年同地区の野宿者は１０００人近くにのぼっていたと推定していたことも同新聞記事で報じられている。労働系組織のため、数字が高めに出ている可能性も否定できないが、あいりん総合センターのホールだけで６００人が寝泊まりしていたのであれば、やはり相当数の日雇い労働者が西成で野宿をしていたことが推測できる。

このような状況になり、ドヤ街は１９９０年代から２０００年初頭にかけて、日雇い労働者の街兼ホームレスの街となっていった。

山谷が盛り上がる朝、盛り下がる昼

僕が東京のドヤ街・山谷に初めて足を運んだのは１９９９年から２０００年にかけてだ。電車を乗り継ぎ南千住駅で降り、そこから歩いて泪橋《なみだばし》交差点に向かった。

ドヤ街が本来の寄せ場として機能するのは早朝である。５時頃に山谷に来ると、泪橋交差点を中心に、吉野通りと明治通り沿いに、バンがズラッと並んでいた。10台以上の手配師の車が常に停まっている状況だった。手配師たちが「現金あるよ。現金あるよ」と労働者たちに声をかける。現金とは日払いでお金が受け取れる仕事を指す。日雇い労働者も仕事の内容や条件を聞いたり、その仕事をもらったりするために、各々のバンに並んでいた。早朝にそれだけ労働者が集まるため、飲食店もそれに合わせて開店していた。

山谷は、２０００年代初頭までは、たしかに日雇い労働者が仕事を得られる寄せ場として機能していたわけだ。山谷のセンターの窓口での職業紹介実績を見てみると、２０００年度には総数５万８８３件あった。バブル崩壊前の１９９０年（10万４３７２件）に比べると半減してしまうが[*4]、まだ民間の仕事もそれなりにあったわけだ。

　玉姫公園の周りでは「泥棒市」と呼ばれるフリーマーケットのような市が開かれていた。盗んできたような物も売っているから、そう呼ばれている。食べ物を売っている店、軍手やタオルなど労働者が仕事で使う物を売っている店、服を大量に売っている店、人形やらリモコンやらガラクタを並べて売っている店、エロ本や裏ビデオを売っている店などなど。幅５メートルほどの道の両端にたくさんの店が並ぶわけだが、もちろん道路使用許可を取っているわけではない。山谷の警察は比較的この泥棒市には寛容なのだが、摘発されないためにも早朝にしかやっていないというわけだ。欲しい物はほとんどないが、ウインドーショッピングするにはとても楽しい。

　このように朝は活気のある街なのだが、昼になると２０００年前後の時点で、ほとんど人がいなくなっていた。山谷の中心・泪橋交差点でしばらく佇んでいると、たまに老人がよろよろと道を通り過ぎていく程度だ。朝やっていたお店もほとんど閉まってしまう。話を聞くと、「早朝やって一旦閉めちゃうトコが多いんだ」とのことだった。当時、大阪のドヤ街・西成は昼間もそれなりに賑わっていたため、意外だった（西成については第3章で詳述する）。

ただ、街を歩いていると、ポツンポツンとだが営業している店はあった。東西に走る明治通りと垂直に交差する吉野通り沿いには、立ち食いの寿司屋や焼き鳥屋があり、7〜8人の人だかりができていた。後から知ったのだが、当時はこういった店はノミ行為の窓口にもなっていた。

山谷のドヤ事情

僕は東京に住んでいるが、取材のために何度か山谷のドヤにも泊まったことがある。東京の東端にある山谷まで毎日通うのはけっこう大変なうえ、始発の電車に乗って向かっても、先述した手配師の仕事斡旋の様子や泥棒市を見ることができないからだ。

昨今、ドヤ街は外国人バックパッカーが訪れるようになって変わった、という報道がされるが、2000年頃には、すでに外国人や普通の日本人旅行者のために新しい宿が建てられていた。そういった新設宿は、畳敷きの狭い部屋を安く借りられるというのはそれまでのドヤと一緒だったが、外観はホテルのように綺麗なところも多く、「ドヤ」という雰囲気はそこまでなかった。外国人観光客はもちろん、女子高生たちが部活動の宿泊場所として利用していたのを見たこともある。ドヤ街を前途有望な女子高生の集団が歩いていく姿は、なんとも新鮮だった。

僕はもっと安い、典型的なドヤに泊まっていた。最安値だという１０００円の宿に泊まると、４人の相部屋だった。二段ベッドが２台並んで入れてある部屋で、真っ黒に日焼けした労務者たちがグーグーと寝ていた。壁にはヘルメットや安全帯がかけられてあり、汗の臭いとイビキに悩まされて、なかなか眠れなかったのを覚えている。

３０００円ほど出せば、ひとり部屋を借りることができた。部屋の中は決して綺麗とはいえなかったが、絶望するほど汚くもなかった。西成の相場（１泊５００円から２０００円ほど）に比べるとずいぶん高かったが、それでも普通のホテルに比べれば安かった。

漫画『あしたのジョー』に出てくる玉姫公園のリアル

また、子どもの頃に読んでいた漫画『あしたのジョー』に出てくる山谷の風景は、当時すでになかった。泪橋は橋ではなく交差点だったし、矢吹丈と丹下段平が出会う玉姫公園は、グラウンドが高いフェンスで囲まれて中に入れないようになっていたし、公園の入り口には「監視強化中」とデカデカと書かれた張り紙がされていた。そして、サッカー場のハーフコートほどの広さのこの区立公園（約3504平方メートル）の中には、常設テントもいくつか張られており、ホームレス村と化していた。玉姫という可愛らしい名前には、似つかわしくない雰囲気だった。

午前中にこの公園に行くと、公園内で、テーブル1つに椅子が2つのセットが4組ほど置かれていた。覗き込んでみると、将棋をプレイしている。これは昨今減ってきたが、青空将棋といって、ホームレスに限らず、全国の公園で将棋愛好家が楽しんでいたものだ。ただし山谷のそれは少額のお金を賭けており、みんな真剣な眼差しでパチリパチリと打っていた。そっと見ていると、「兄ちゃん、一局打たないかい。いつもおんなじ相手だから飽きちゃうんだ」と誘われた。残念ながら僕は将棋を指せないので断った。

玉姫公園のホームレスは気が荒いタイプの人が多かった。話を聞いていて、怒鳴られたり、絡まれたりすることも多かった。ただ粘り腰で何分も話を聞いているとボチボチ答えてくれるようになった。中には、「職人時代はアラブ諸国に出張して働いてた時があったけど、正直日本のが暑いね、あっちはカラッとしてた」なんて、ワールドワイドな話も聞かせてもらえた。

袋にナイフをしのばせて

山谷にも他のドヤ街の西成や寿町同様、センターと呼ばれる施設がある。西成や寿町のセンターに比べるとずいぶん小さい、小ぶりなビルだ。正式名称は城北労働・福祉センター。ここでは、日雇い仕事の斡旋以外に、福祉相談、医療相談もしているし、建物の前で炊き出しをやっていることもあった。

営業時間内は建物内は開放されて、日雇いにあぶれた労働者やホームレスがくつろぐ場所にもなっていた。車座になって話しているホームレスに話を聞く。

「今は山谷を離れて隅田川の河川敷にテントを張って暮らしてるが、暇な時は山谷に顔を出している」

そういう話をめいめいから聞いていると、真後ろから「おめー！　俺の悪口いってるのか！　ああ!?」と大声が聞こえてきた。どうやら僕に向かって怒鳴っているらしい。ビビって振り向けないでいると、ゴソゴソとカバンを漁る音がした。

先ほどまで僕が話を聞いていたホームレスたちが、僕の後ろの人に向かって「やめろ！　そんなもん出すな！」と口々に怒鳴っている。どうやら刃物を取り出したらしいというのがわかった。

でも下手に動いたら刺されそうだなと思った。「どうしたらいいのか」と緊張していると、営業時間終了のチャイムが鳴った。ふっと弛緩した雰囲気になったので、そのまま慌てて外に飛び出した。振り向くと、50代くらいの男性は、案の定包丁を握っていた。公的施設の中でこんなことが起こるのに驚いた。

なお、山谷で刃物を向けられたのはこの一度ではなかった。明治通りを歩いていると60代前後のホームレスに話しかけられたことがある。服は汚れて真っ黒、手にはコンビニの袋を持っていた。

「すまん時間を教えてくれる？」

そう聞かれたので、携帯電話を見て時間を教えると「ありがとう、ありがとう」と何度も感謝された。すると「今後、お前に何かあったら、俺が守ってやるからな、これでな!!」というと、ビニール袋の中から果物ナイフを取り出した。

「お前に何かあったら、俺が守ってやるから!!　こうやって!!　こうやって!!」

そういいながら、果物ナイフをブンブン振り回す。「あ、あの危ないですよ」というと、

「なんだと？　何が危ないんだ!!」といってケンカ腰になってきた。守ってくれるどころか、攻撃してくるのかい。僕に対して怒鳴ってきたので、ほうほうの体で逃げ出した。け

っこう酔っ払っていたみたいで、本気で走ったら逃げ切れた。

他にも歩いていたら急に抱きつかれてキスされたこともあった。今更ではあるが、ドヤ街に行く時はそれなりの心構えをしたほうがいいだろう。

異様な空気を放っていた「いろは会商店街」

山谷には「いろは会商店街」という大変長い商店街がある。１９７０年代の写真を見るとずいぶん賑わっているが、それに比べて２０００年頃はシャッターを閉じた店も多かった。周辺ではホームレス同士、花札で賭けをしている姿もよく目についたのだが、話しかけると、「見てんじゃねえ」「あっち行けおら」「どらぁおらぁあ」と恫喝されることも多かった。近くには「マンモス交番」と呼ばれる山谷地区交番（現・日本堤交番）があるのだが、賭け花札は無視しているようだった。

なお、マンモス交番という名前は、マンモスのように大きい交番という意味から来ている。後述する要塞のような西成警察署と比べると小さいが、地上４階建てで建物内に駐車場付きのため、交番レベルの建物ではない。この交番は１９５９年に、山谷地区の環境を浄化するために建てられた。警視庁のホームページを見ると、「交番では、喧嘩や酔っ払いの保護取扱いが多いです」（2020年4月時点）と書かれてある。以前、この交番ができて間もない頃の写真も見たことがある。当時は、ドヤ街は血気盛んで何かあれば暴動に発展しかねないピリピリした空気があったという。1960年の写真では、警察の周りを労働者たちが取り囲んでいた。10、20人のレベルではなく桁が1桁、もしくは2桁違う。吉野通りが人で埋め尽くされるほどだ。こんなにもたくさんの人がいて、こんなにも活動的だったんだ、と驚いた。

いろは会商店街はアーケードがあって雨風に当たらずに済むためか、夜には多くのホームレスが布団にくるまって寝ている光景が見られた。[*5] 商店街の入り口に酒屋とお酒の自動販売機があり、そこで酒を買って飲み、泥酔している人が多かった。カップ酒を飲んだ酔っ払いが床にコップを叩きつけて割るので、そこら中ガラスだらけになっていた。第1章でもホームレスにアルコール依存症の割合が少なくないことに触れているが、ドヤ街にいるホームレスはとくにお酒を飲むことが好きである。そして、飲んで仕事を飛ばしたり、酔っ払ったまま仕事に行ったりした結果、手配師から声がかからなくなったといったように、酒のトラブルが発端となってホームレスになったと明かす人も多い。

なお、いろは会商店街の酒の自動販売機はかなり前に撤去されたし、2018年には商店街全体のアーケードも取り外されてしまった。商店街で寝るホームレスはめっきり減ったが、陽光にさらされたシャッター商店街はなんだか、以前にも増して白々しいような雰囲気になっていた。

ドヤ街と風俗街

いろは会商店街を西に抜けたところには、ソープランド街の吉原がある。山谷を取材しているとよく、「吉原どこにあるかわかりますか？」とソープランドに行きたい人や、タクシーの運転手などに道を聞かれたものだ。

このように、ドヤ街の近くには、風俗街がある場合が多い。大阪のドヤ街・西成の南東には、「ちょんの間」が多数存在する飛田新地が徒歩圏内にある。メイン通りや青春通りには、ズラリとその店舗が並んでいる。1階には、着飾った女の子が座っており、直接指名して〝買う〟システムだ。買ったら、2階へ行き、即本番行為をする。時間は20分前後と短い。だから「ちょんの間（ちょっとの間）」と呼ばれる。

本番行為をするのだから、売春防止法に抵触するのではないかと思うだろうが、一応言い訳はある。1階は料亭で、女の子は仲居であり、「料亭に来たら、女の子と自由恋愛に落ちて2階でセックスをした」という体なのだ。建物も料亭ということで和風だ。もちろん無理すぎる話なのは、誰もが知っている。

横浜のドヤ街・寿町も、10分ほど北西に歩くと関内駅に着く。関内駅から16号線を西に進んだ場所は、日本でも有数のファッションヘルス地帯だ。大手グループ会社の風俗ビルがいくつも建っているし、裏通りも風俗店だらけ。そして、寿町から20分ほど西に歩くと、黄金町《こがねちょう》に着く。２０００年中頃までは「ちょんの間」の街として有名だった。主に外国人の女性が立って客を引いていたが、２００５年に大規模な摘発があり、同年8月に全店が閉店した。その後はアートの街を目指している。

名古屋のドヤ街・笹島は名古屋駅の西側にあるが、この地域にも風俗店がたくさんある。ファッションヘルス、出会い系カフェ、マッサージ店などが並んでいる。東京にはほとんどなくなった風俗ビルも２０１９年には建っていたことを確認している。

日雇い労働者で風俗店を利用する人は少なくなかったし、「毎日、風俗行っていたら、ホームレスになっちゃった」と語る人もいた。風俗が原因でホームレスになったと語る人の特徴は、ホームレスになっているのに悲壮感がないことだ。「いや〜気持ちよかったね。もう一回人生あってもたぶん同じこと繰り返すね」というのである。「我が生涯に一片の悔い無し」というところなのだろうか。

令和時代の山谷を歩く

１９９９年以降、断続的に山谷には足を運んでいたのだが、２０１０年代に入ってからはあまり行かなくなっていた。寄せ場としての機能がほぼなくなり、街を歩いても、生活保護を受給している元日雇い労働者・元ホームレスにばかり会うようになったためだ。２０１８年時点で、山谷の簡易宿所で暮らす元日雇い労働者らは３７８３人で、うち9割が生活保護を受給している[*6]。１９９０年代から２０００年初頭にかけて日雇い労働者の街兼ホームレスの街だった山谷は、徐々に生活保護受給者の街に変わっていったのだ。

そんな折、２０１９年5月、ドイツのテレビメディアで日本の貧困を取材しているというイタリア人ジャーナリストに山谷の案内を頼まれた。彼女は日本の事情に非常に詳しかったのだが、「労働者が仕事に行く様子を取材したい」といわれ、正直難しいなと思っていた。

「山谷という場所がかつては寄せ場という、日雇い労働を斡旋する場所になっていたのですが、現在はどうなっているかわかりません」

そう正直に答えたのだが、それでも取材したいというので、早朝にテレビクルーと山谷に向かったのだ。さすがに寄せ場の仕事は減ってはいるだろうが、少しは手配師もいるんじゃないか、とも思っていた。それに、２０１３年９月に２０２０年の東京オリンピック・パラリンピック開催が決まったことで公共事業も増えているだろうから、山谷もその恩恵を受けているのではないか、と期待もしたのだ。

しかし、早朝に訪れた泪橋交差点周辺の明治通りにも吉野通りには、１台の車も停まっていなかった。そして、労働者を探す手配師の姿も、仕事を探す労働者の姿もまったくなかった。歩いている老人に話を聞くが、「もう最近じゃ見ないね。やってないと思うよ」という答えしかかえってこなかった。

ただ「センターで日雇い労働者は募集してるよ」といっている人がいたので、向かってみた。たしかに仕事は募集していたが、特別清掃と呼ばれ、公園などを清掃してお金をもらうことができる、昔からある公共の仕事（高齢者特別就労）ばかりだった。いわゆる建設業務の日雇い労働とは違う。山谷のセンターの窓口での職業紹介実績は、２０００年度には５万８８３件であったことを先述したが、２００５年度には３万８２２４件、２０１０年度には３万３８１５件、２０１５年度には１万４２５５件となり、２０１８年度は１

万２６０６件にまで減少している。

さらに職業紹介実績のうち公共事業の推移を見ると、興味深いことにも気づける。東京オリンピック・パラリンピック開催が決まった直前の２０１２年度から２０１８年度までの職業紹介実績のうち、公共事業の推移を追うと、２０１２年度は１０９１件、２０１３年度は１３６９件だったが、オリンピック・パラリンピック開催が決まった後は、２０１４年度１１９７件、２０１５年度８７０件、２０１６年度８２０件、２０１７年度７４５件、２０１８年度７４９件と減少傾向にあるのだ。[*7] つまり、第１回目の東京オリンピックでは恩恵を受けていた山谷の日雇い労働者だが、２回目の東京オリンピック・パラリンピック開催においては恩恵をまったく受けていないのだ。実際、センター職員にこの件を問い合わせたところ、「オリンピックの影響はここではあまり受けていない」ということだった。センター紹介で目立つのは先述した高齢者特別就労の清掃ばかりである。[*8]

僕が少し目を離したうちに、日雇い労働の街としての山谷は終わってしまったのだ。

日雇い労働というエンジンの止まった街で

ドイツのテレビメディアクルーには申し訳ないことをしたと思い、一同で玉姫公園に向かった。もう泥棒市も終わっているだろうと思ったのだが、泥棒市は開催されていた。昔に比べたら、数は減っているものの、それでも何軒もお店が出ていたのだ。トマトとおにぎりを売っているおばちゃんは、イタリア人ジャーナリストと話が弾んでいた。はるか昔、ヨーロッパ巡りの旅をしたことがあるそうだ。服を売っているお店、主にエロDVDを売っているお店、キーホルダーやらテレビのリモコンやらガラクタを売っているお店、と昔とあまり変わらないラインナップだった。

公園の周りには、老人がたくさん座っており、目が真っ赤で酒臭い人もいた。話を聞くと「生活保護で近くのアパートに住んでるよ。まあとくにすることないから、部屋でテレビ見て、酒飲んで。朝はこうやって公園来てるね」といっていた。周りも同じような人たちだった。ドイツ人のテレビクルーが話しかけると、逆に「どこの国から来たんだ？」と質問を受けていた。少しだけ日本語ができるドイツ人スタッフが「ドイツです」と答える。すると酔っ払って目を腫らした老人は右手を上げ、「ハイル・ヒトラー!!」と大声で叫んだ。周りの人らはゲラゲラ笑っていた。ドイツ人全員の顔に、苦笑いが浮かんでいた。なんとも恥ずかしくて見ていられなかった。

ジャーナリストが「私はイタリア人ですよ」というと、「そうか姉ちゃん!!　なら日独伊だ!!　日独伊!!　味方だ!!」とものすごく楽しそうに笑っていた。たしかに老人ではあるが、せいぜい70歳だ。生まれた時には第二次世界大戦は終わっているのに、なんで今さら三国同盟を大事にしているんだと思った。

玉姫公園に行くと、朝から相変わらず将棋が始まっており、みんなパチンパチンと打っていた。ちょっと入り方を失敗すると、話を聞かせてくれないこともあった山谷の人たちだが、外国人というのが珍しかったのか、インタビューにも素直に答えてくれているようだった。

とても困ったスタートではあったが、それでも結果的には日本の貧困問題を取材することはでき、僕はめでたくお役御免となった。

僕が初めて足を運んだ２０００年前後にすでに山谷は元気のなくなった街といわれていた。しかし、その頃はまだ日雇い労働という、街を動かすエンジンは動いていた。

そして２０２０年の山谷は、すでに完全に日雇い労働というエンジンはストップしてしまっている。街に集う人たちは「ずっと街にいたから」という理由で山谷に居続けている。早朝の泥棒市も、ドヤも、その人たちのための食堂なども、本来の役目はなくなっているが、それでも今も存在し続ける。山谷は、高度成長期、旧東京オリンピック景気があった時代の残滓《ざんし》、亡霊を感じることができる希少な街ともいえるだろう。

ノミ屋が堂々と営業していた街・寿町

大阪の西成、東京の山谷と並んで、日本三大ドヤ街の一角を占めるのが神奈川県の寿町だ。横浜港が近いことから港湾作業に従事する人も多く住む日雇い労働者の街であり、建設労働者ばかりが集まっていた山谷や西成とは少々異なる。横浜の名所である、山下公園、横浜スタジアム、中華街、港の見える丘公園などからほど近い場所にある。西成や山谷と違って町名もそのまま残っている。

最寄り駅は石川町駅で、歩いてすぐのはずだが、駅が高速道路の交差箇所と川に挟まれていて、行き道がとてもわかりづらい。僕も取材に行く時、いつも迷ってしまう。

寿町には比較的大きなビルのドヤがズラッと並んでいる。ただし新しくもないし、綺麗でもない。何度か宿泊したことがあるのだが、なかなか苦労した。管理人は無愛想な人も多く、連泊でなければなかなか泊めてもらえない。やっと泊めてもらえた部屋も、畳に穴が開いているし、枕には虫がわいているし、辟易した。

寿町には、大阪の西成や東京の山谷と違って、路上に住むホームレスは昔からあまりいない。というのも、無断でテントを張れる場所がほぼないからだ。近隣の関内駅近辺や横浜スタジアムの軒下のほうがホームレスの集まるスポットとして有名だった。

ただ、街の南側を西から東に流れる中村川のへりにはホームレスの小屋が並んでいた。建てられる場所はかなり狭かったので、川にせり出す形で建っていた。２００４年に取材した頃には、まだ30軒ほどの小屋が残っていた。近くの公園には数張のテントが建つことはあったが、行政が厳しいようで、すぐに取り壊されていた。しかし、中村川のへりに建てられていた小屋も強制撤去されたようで、２０１０年に訪れた時にはすでになくなっていたと記憶している。

そういう意味ではホームレスの街というよりも強面の労働者の街、そして危険な香りが強くする街といったイメージを僕は持っている。

寿町は、ノミ行為のお店や違法賭博ゲーム喫茶などのお店が堂々と営業している。もちろん西成にも山谷にもノミ行為をしているお店はあったのだが、寿町ほど堂々と営業しているところはない。一見定食屋に見えるお店でも、店内に入るとテレビがズラッと並んでおり、ボートレースが放映されていた。そこでノミ行為が行なわれていたのである。２０１７年に訪れた際も、やはりまだノミ行為を堂々とする店が点在していた。

酒場も多く、昼間から酔っ払って管を巻いている人が多い。腕っ節に自信があるのか、ケンカっ早い人も散見される。労働者同士、住人同士のケンカも多く、話を聞きに行くと、目の周りに青いアザができているなど、どこかしらをケガしている人も少なくなかった。取材をしている時に、「何やってるんだこのやろう!!」と怒られたり、数人に囲まれてしまったりしたこともあった。

寿町の真ん中にも、通称センターといわれるビルが立っていた。正式名称は寿町総合労働福祉会館。ビルの周りには、労働者や老人が座っていた。夏には、フリーコンサートが開かれ、その時期だけは、若い人たちも大勢集まり活気のある街になっていた。ただ１９７４年に建てられたビルということで、耐震性に問題があるとされ、２０１６年3月に閉鎖され、取り壊されてしまった。２０１９年6月に横浜市寿町健康福祉交流センターがオープンしたが、職業紹介機能が分離され、専門スタッフが相談を受け付ける健康コーディネート室が整備されるなど、福祉の性格をより強く打ち出した建物に変わった。

寿町も、生活保護で暮らす人が大半を占める。横浜市役所健康福祉局の寿福祉プラザ相談室によると、２０１８年時点で寿地区には５７１６人が住んでおり、そのうちの8割以上が生活保護を受給している。

神奈川にあるもうひとつのドヤ街

寿町からはしばらく離れるが、同じ神奈川県の川崎にもドヤ街はある。川崎のドヤは、日進町と貝塚という場所に集中している。簡易宿泊施設の軒数は少なくないのだが、寿町や山谷に比べるとあまり知られていなかった。

２０１５年５月、日進町のドヤ２棟が火事になり、11人の住人が亡くなった。この事件で一気に全国から注目された。僕も、週刊誌の取材で現場を訪れた。警察や消防、マスコミが大勢いて、ピリピリした雰囲気になっていた。火が出たドヤに住んでいたという老人から話を聞くことができた。

「ベニヤ板でできたような建物だから、今まで燃えなかったほうがおかしいんだ。違法建築で役所は追い出したがっていたが、できなかった。一度焼けてしまったらもう二度と建てられないから、役所は喜んでると思う」

安全とは程遠い建物だったようだ。実際７割以上のドヤは違法建築らしい。違法である部分（主に３階部分）に住めなくするなどの対応をしたといわれている。

川崎のドヤ街は、簡易宿泊施設が並んでいるが、ホームレスが路上で生活をするような場所はほとんどない。当時は、川崎駅から東に十数分歩いたところにある川崎競馬場の周りに、ズラリと小屋が並んでいた。そこに住むホームレスに話を聞くと、次のように話す人が多かった。

「競馬場でお金をスった人間が、そのままホームレスになって競馬場の周りに住んでいるんだ」

もちろん、それほど単純なものではないだろうが、実際競馬や競輪にハマった経験があるホームレスは多かった。この競馬場の近くの富士見公園付近は日雇い労働の寄せ場にもなっており、ホームレスとしては仕事と趣味の競馬ができる地域だったわけだ。ただ、この競馬場の周りの小屋も寿町の小屋同様、２０１０年に訪れた時にはなくなっていた。

２００４年5月に、川崎の同地区に、ホームレスの緊急一時宿泊施設・愛生寮を作った際は「建ててほしくない」という住人とトラブルになり、社会問題になった。同年に僕が取材に訪れると、もともとあった工場の施設をほとんど変えず、中にベッドを並べているような状態だった。「当日の夜は受け入れてくれない」「早朝に追い出される」など、利用者からの評判はあまりよくなかった。こちらは２００９年3月に閉鎖されている。

川崎駅周辺から10分ほど北に歩いた所に多摩川が流れている。比較的自由に住むことができるため、ここに引っ越した人は多いと聞いた。

すでに沈んでいたドヤ街

名古屋駅の太閤通口（西側）を出てすぐのところにあるドヤ街・笹島は、初めて足を運んだ1999年の時点でドヤは点在してはいるものの、西成、山谷、寿町のようなドヤ街と呼べるような街ではなかった。1960年に駅の出口を間違えて笹島を訪れたことがある人によれば、「名古屋駅の近くなのにものすごい柄が悪いんだ。酔っ払った労働者とかたくさんいて、火を焚いてたりしてね」とのことなので、過去にはドヤ街らしい雰囲気はあったらしい。しかし、1999年に訪れた時には、朝方に労働者を集める寄せ場になることと、労働団体があることとくらいしか確認できなかった。

なお本章の冒頭で少し紹介したが、広島のドヤ街については、元赤線（合法売春場）だった地域の宿で従業員をしていた高齢の女性から「ドヤ街はあったが皆マンションに変わってしまった」と聞いた。2001年に訪れた時は痕跡さえ見つけることができなかった。

福岡には2001年になんの情報もないままに訪れた。「大きな街なのだから、ドヤ街もあっただろう」という適当な気持ちで訪ねてみたのだ。駅近くの交番で話を聞くと、ドヤ街はわからないが、寄せ場の場所はわかるといって教えてくれた。博多駅を出て北西方向にある、出来町公園のあたりだった。

行ってみると、たしかに労働者やホームレスの姿があった。歩いていると、古びたビルに簡易宿泊と書かれた看板を見つけた。「あった！」と心躍ったが、もう営業はしていなかった。宿の人に話しかけると、「立ち退きになっちゃったんで、泊まることはできないの。ごめんなさいね。昔はたくさんのドヤがあったけど、火事で燃えたりしてほとんどなくなっちゃったの」と教えてくれた。残念ながら、僕が訪れた時にはわずかな残滓しか残っていなかったが、ドヤ街はたしかにここにあったようだ。

生活保護の街からインバウンド客を狙う街へ

山谷や寿町の例を見ればわかるように、今も生き残っているドヤ街は、日雇い労働者の高齢化と寄せ場という社会的役割の実質的な終焉とともに、生活保護アパートと化している。そして、それとは別の方向に進化したのが、外国人観光客向けの安宿だ。

簡易宿泊施設は「労働者向けの宿泊施設」という色合いが強いが、もちろん労働者以外も泊まることができ、中国をはじめ多くの外国人観光客も訪れている。日本のホテルはもともと宿泊料金が高めで、そういったところはツアー観光客の集団が予約してしまうことも多く、数も足りていない。海外から日本に来る旅行者にとっては、日本のドヤはとても便利なのだ。

ドヤ街は、戦後、都市を復興するための拠点として作られた場所であるため、都市への交通の便もいい。山谷なら浅草や上野の観光にもってこいだし、寿町は横浜の主要観光スポットから目と鼻の先だ。

ドヤ街は国内では「スラム」と扱われることもあるが、海外の本格的なスラムに比べたら、まったくおとなしい。ドヤ街にいたヨーロッパ人に話を聞いたところ「これはスラムではないでしょう？　いるのはお年寄りばかりだし。全然平気ですよ」という答えが返ってきた。２０００年代当初、僕がナイフを突きつけられた街には血気盛んというか血の気の多いおじさんがいたが、20年経った今、この外国人がいう通り、お年寄りばかりだ。

ドヤ街に旧来の日雇い労働者のような就労を目指す若者が集まることはもうないだろう。つまり、寄せ場としてのドヤ街は、近い将来幕を閉じる運命にある。むろん、元ホームレスの生活保護受給者にも、いずれ寿命が訪れる。寄せ場から生活保護の街へ。そして生活保護の街からインバウンド客の街へ。変わりゆくドヤ街において、ホームレスの居場所は少ない。

そして、そんなドヤ街の終焉が訪れようとしているのが、日本最大のホームレスタウンである大阪府の西成だ。次章は、その西成についてルポする。

（注）

＊１―『密教文化』１９２号（密教研究会　１９９５年）収録の「ドヤ街における公的扶助――東西比較論――山谷・寿と釜ケ崎・笹島」（上畑恵宣）(https://www.jstage.jst.go.jp/article/jeb1947/1995/192/1995_192_L75/_pdf/-char/ja)

＊２―公益財団法人城北労働・福祉センター「相談受付件数及び求人総数の推移（昭和40年〜平成30年度）」(http://homepage33.la.coocan.jp/tokei/sonota/30soudangurafu2.pdf)

＊３―なお、もうひとつの要因は、１９９０年代には日雇いではない労働者の失業者が増え、家を失い、その一部がドヤ街に流れてきたものである。

＊４―公益財団法人城北労働・福祉センター「平成15年度　相談及び職業紹介実績」(http://homepage33.la.coocan.jp/tokei/15nendojisseki.pdf)

＊５―なお２００２年11月15日付の朝日新聞によれば、当時はいろは会商店街の約３００メートルのアーケード下には約１００人のホームレスが寝ていたそうだ。

＊６―「令和元年度　公益財団法人城北労働・福祉センター事業案内」の簡易宿所宿泊者数の推移(http://homepage33.la.coocan.jp/jigyou-annai/jigyou-annai-R1-2.pdf)

＊７―公益財団法人城北労働・福祉センター「平成三〇年度　相談及び職業紹介実績」(http://homepage33.

la.coocan.jp/tokei/sonota/30soudanjisseki.pdf)

＊8—山谷地区で城北労働・福祉センターとともに日雇い仕事を紹介している公共職業安定所上野玉姫労働出張所においても、東京オリンピック・パラリンピック関連の公共事業による日雇い仕事の受注増加に至っていないこと、仕事の多くは東京都の清掃業務であることを確認している。今回は紙幅の関係でこちらの取材データは割愛させてもらった。

第3章

日本最大のホームレスタウン 西成消滅の現実度

ホームレスは西高東低

路上生活者が顕著に社会問題化したのは、バブル崩壊後の１９９０年代だ。とりわけ１９９６年1月、東京都が行政執行で西新宿地下道に段ボールハウスを構えていたホームレスを強制排除したが、この時の騒動がテレビのニュースでも大々的に取り上げられていたので、覚えている人も多いだろう。なお、新宿を中心に路上生活者支援活動に取り組んでいた稲葉剛によれば、この新宿駅西口都庁の地下通路にホームレスの段ボールハウスが増え始めたのは１９９２年頃。[*1] これは１９９１年、都庁が丸の内から新宿に移転され、新宿が「東京の顔」となった以降のことだといわれれば、ホームレスが排除された背景が理解しやすいだろう（新宿駅西口地下のホームレスについては第4章で後述する）。

こういうこともあり、ホームレスといえば、東京の新宿というイメージを持っている人は全国的に多いのではないだろうか。

しかし、これはホームレスの実態を見ると、少々異なる。

ここで、ホームレスの人数を見ていきたい。１９９８年、ホームレス問題連絡会議で全国の都市部のホームレス数が報告された。大阪市が８６６０人、東京都が４３００人、名古屋市が758人、川崎市が746人、横浜市が439人だ。見てわかる通り、圧倒的に大阪が多い。

ただ、各地方団体により調査機関や時期、方法は異なるため、これらの数字を一概に比較するのはフェアではない。大阪市の調査は、大学に委託され行なわれたもので、夜間を含めて大阪市全域をカバーしたものである。一方、東京都の調査は、主要駅、公園、道路、河川敷にいるホームレスをそれぞれの場所の管理者が数えたものだ。つまり、大阪のやり方で調査をすれば、他の地域もこの数以上の数値になることが予想できる。

そこで、その後の数字も追ってみるとしよう。

ホームレスの自立の支援等に関する特別措置法の規定により、厚生労働省によって2003年から「ホームレスの実態に関する全国調査（生活実態調査）」が行なわれるようになった。この調査は、統一した調査方法により同時期に3240の全国すべての市区町村において行なわれたもので、日本で初めてのホームレスに関する全国調査といえる。

この時の数字を見ると、大阪府が7757人、東京都が6361人となっている。その後も2007年の同調査では大阪府が4911人、東京都が4690人、2012年の同調査では大阪府が2171人、東京23区が2396人、2016年の同調査では大阪市が

1497人、東京23区が1319人という状態だ。大阪のホームレスの数のほうが多い年が目立つ。ちなみに総務省統計局発表の国勢調査の2016年の人口を見ると、東京都の1363万6222人は、大阪府の883万7812人の1・54倍である。この数字を考えると、大阪のホームレス数は相対的に多いといえる。

つまり、日本は政治、経済、社会が「東京一極集中」といわれる情勢が続いているが、ことホームレスにおいては「西高東低」といってもいいのだ。

そして、その西高を支えているのが、大阪の西成（あいりん地区）である。

国道43号線を渡ると異世界だった

僕が初めて西成を訪れたのは、1999年の夏だった。世間知らずの僕は、それまで西成という街の存在すら知らなかった。当時、ホームレスを取材し始めた時、東京の上野公園や名古屋の白川公園で話を聞くと、「なんだお前は西成を知らないのか？　それでよくホームレスの取材をしているな」とよくなじられた。

「定期的に暴動が起きる」

「昼間から酒を飲んで暴れている人がいる」

「路上で普通にシャブ（覚せい剤）を売っている」

そんな耳を疑うような話をホームレスからたくさん聞いた。ぜひ見ておかねばならんと思い、おっとり刀で出かけた。

当時は、大阪にもあまり来たことがない中で、まだインターネットも盛んではない頃だ。西成にたどり着くのはなかなか大変だった。

「西成に着いたとて、ここが西成だ、とわかるかな？」

そう危惧もしていた。

しかし、その心配は無用だった。

新今宮駅東口で下車し、南に走る国道43号線を渡ると、街の雰囲気がガラッと変わった。真夏に訪れたのだが、道には半裸の男性がいく人も倒れていた。冗談ではなく、「毒ガス攻撃でもあったのか？」と思ったのだが、道行く人は誰も気にしていない。そして、倒れている人たちの横を、何匹もの野良犬がウロウロと歩いている。それを気にする人も誰もいなかった。

景気がよい時は、みんな稼いだお金でドヤに泊まるので、ホームレスの数は少なくなる。

しかし、景気が悪化し、企業が日雇い労働者を使わなくなると、ドヤに泊まれなくなった人たちが路上に溢れて、そこで寝るようになる。

当時の西成の状況もそうだった。そして、夏場のため、路上のあちこちで酒盛りが行なわれ、酔っ払ってそのまま地面に寝てしまうのだ。

恐る恐る街を歩くと、時折鼻にツンと刺激臭が入ってきた。みんなが適当にそこいらで立ちションをしているのだ。とくに萩ノ茶屋駅の高架のトンネルからはひどい悪臭が漂っていた。

街のあちこちには、自動車が放置されていた。自転車ではなく自動車である。当時は廃車の放置は全国でも見られたが、西成は群を抜いてあちこちに放置されていた。中には焼け焦げている車もあり、ホームレスやお店の人に聞いたところ、90年代前半に起こった暴動の際に放火によって火をつけられたものらしかった。

時計の針が止まったままの三角公園と四角公園

そして西成の中心地である、通称・三角公園に足を運んだ。なお三角公園というと、若い子たちには、アメリカ村の待ち合わせ場所として使われる御津《みつ》公園を思い出す人のほうが多いだろう。しかし、ホームレスにとって三角公園といえば、あいりん地区にある大阪市立・萩之茶屋南公園を指す。

僕はこの時に、徹底的なカルチャーショックを受けた。

ゆっくり歩いても5分で1周できる程度の小さな公園なのだが、そこだけ時間が戦後の混乱期に戻ったような雰囲気になっていた。公園の角には木材で建てられたボロボロのバラックが建ち並んでいた。その日は行なわれていなかったのだが、公園の端では火が焚かれることも多い。この火の熱を使って炊き出しを作ることもあるし、冬は単純に暖をとる。

数人が集まって上を見上げているので、なんだと思ってみると、街頭テレビだった。

「戦後、街頭テレビでは力道山の試合が流され、みんな夢中になって観た」などという話は嘘か真《まこと》か親から聞いたことがあったが、現物を目にしたのは初めてだった。テレビでは高校野球が放映されていて、皆口々にヤジを飛ばしていた。

そして街頭テレビの反対側でも人だかりができていた。近くに寄ると、「丁か半か!!」と威勢のよい声が聞こえてきた。公園にドラム缶を置き、その上でサイコロを振っているのだ。

「丁!!」

「半!!」

そういった怒声が聞こえてくる。ちなみに、この三角公園は西成警察署から南に歩いて数分のところにある。隠れもせず、こんなあからさまにギャンブルをやっていることに、ビックリした。

もちろんだが、公園内で走り回る子どももいないし、子連れのお母さんたちが井戸端会議をすることもない。というか一般の大人の男性さえ、公園内に入ることはほぼなく、そういう意味では公園という体をなしていない。

丁半博打をしている近くの路地に入ると、椅子に座った人相の悪い人たちが、ジロジロとこちらを睨んでくる。その時は、なんだかわからなかったが、ノミ行為をしているお店らしい。こちらでは、警察が来ないか、文句をつけに来る輩がいないかと厳しく見張りを行なっているのだ。この見張りはホームレスたちから「ハリ屋」と呼ばれていた。

このように、ギャンブルをやる環境が必要以上に整っているため、なけなしの金を注ぎ込んで、すってんてんになってしまい、路上に溢れる人も多い。

ただ、当時は、三角公園の横にはホームレスから「シェルター（今宮シェルター）」と呼ばれる、定員600人が夜間に無料で泊まれるプレハブ作りの宿泊施設（あいりん臨時夜間緊急避難所）があった（2000年4月設置）。宿泊施設といっても二段ベッドが並んでいるだけの、とても素っ気ない施設だ。それでも外で野宿するよりはましだろう。夕方からは、ここに泊まるために外で並び、夜を施設内で過ごすホームレスは多かった。なお２００４年1月には今宮駅の近くに定員４４０人の萩之茶屋シェルターが設置され、２０１３年7月の閉鎖までは西成のホームレスは２つのシェルターで寝泊まりできていた。

「中は臭いしよう。ノミやナンキンムシがいっぱいいるし、最低だよ」

シェルターに宿泊したホームレスはそう明かした。それでもその人は、翌日も炊き出しを食べて、シェルターに泊まるために並んでいた。なお、２０１５年12月には萩之茶屋シェルターがあった場所にあいりんシェルターが新設されたことで、今宮シェルターは閉鎖に。あいりんシェルターも、一応、飲酒している人は利用できないとされているが、整理券を受け取れば誰でも無料で宿泊できる。

ちなみに、三角公園とは別に、四角公園と呼ばれる公園もある。これは西成警察署の真隣にある大阪市立・萩之茶屋中公園だ。

ここでは毎日炊き出しが開催されている。２０１９年8月に聞いていたことも現地で確認している。ズラーッと長い列ができて、おかゆをもらいすすっている。

「いやあ、酒飲んで内臓弱ってるから、おかゆしか受け付けないからちょうどいいわ」

ホームレスの爺さんがそうつぶやいているのが印象的だった。

その公園にも、小屋がいくつも建っていて、そこではホームレスが生活していた。拾ってきたがもう食べられなくなったご飯を、犬にあげて餌付けしていた。

１９９９年にこの公園を訪れた際、何より目立っていたのが公園内にたむろしている数十四の犬だった。僕が取材のためにホームレスの老人に話しかけようとすると、いっせいに吠えられた。絶対に狂犬病の予防接種などしていないだろうと思い、噛まれたら大変だと思った。とにかく犬を刺激しないよう、ゆっくり歩くようにしていた。

「もはや戦後ではない」という言葉が流行したのは、今から半世紀以上前の１９５６年。しかし、当時の西成は、戦争も戦後も知らない僕の目からは、まるで戦後のように見えた。

夕方に路上に現れる怪しげな人たち

ドヤ街である西成は、労働者が泊まるための街なので、街にはたくさんの宿が林立している。２０２０年現在でも宿は多く、インターネットで予約できるお店も増えた。安い宿を目当てに泊まる外国人観光客も多い。

取材を始めた頃は、１泊５００円というとても低価格の宿を中心に泊まって活動していた。１週間泊まっても３５００円という、おそろしく安い宿泊料金だ。

ただ、安いのだから内装もそれなりである。ドヤ街の宿の多くは、２畳程度の畳敷の部屋に布団が置いてある質素な部屋だ。テレビと冷蔵庫は設置されている場所が多い。それで１泊１５００〜２０００円だ。

１泊５００円のホテルも２畳くらいの面積なのだが、二段ベッドのように部屋の上下で二分されていた。施錠できる少し広めのカプセルホテルと思ってくれればいいだろう。上の部屋に泊まる人は、ハシゴを登らないと部屋に入ることができない。部屋の中では立つことはできず、寝て過ごすしかない。冷暖房は、館をまるごと冷やしたり、暖めたりするので、自分の部屋では調整ができなかった。

そんなドヤの窓から外を見ていると、夕方、路上に立つ怪しげな人たちが現れる。覚せい剤などの違法薬物を販売している売人だ。裏通りになる線路沿いにも、たくさんの売人が立っている。ドヤに泊まっていた中年男性に話を聞くと「でも今はまともになったほうだよ。昔はドヤのカウンターで普通にシャブ売ってたもん。別に違法のモノを売ってるって感じでもなかったよ」と笑いながら教えてくれた。

この頃は、西成の路上にはたくさんの不法占領屋台が出ていた。手作りのボロい屋台で、売っているのは安酒、チーズ、缶詰などの保存がきく商品だけだった。このほとんどの屋台で覚せい剤を販売していたのにも驚いた。その後、摘発でいっせいに取り壊しになった。２００９年12月22日には最後の物件の撤去が完了したという[*2]。

現在ではずいぶん覚せい剤販売は減ったが、毎年、あいりん地区で覚せい剤売買の逮捕者が出ているニュースを見かける。西成に行くと覚せい剤が手に入るといわれており、全国のシャブ中毒者が購入するために訪れるほどなのだ。

「泥棒市」で売っているもの

麻薬以外のモノは、路上で露店を開いて販売していた。最も盛んなのは、弁当やパン、おにぎりなどだ。もちろんまっとうに仕入れたものではなく、消費期限切れの廃棄品をなんらかのルートで手に入れて売っている。弁当ならどれでも１００円、パン・おにぎりは２～３個で１００円ととても安かったので、みんな奪い合うように買う。その後、日本では２０１４年以降は食料の消費者物価指数は上昇していったが[*3]、この泥棒市の価格は変化がなかった。僕も何度も買って食べたが、普通においしくいただくことができ、お腹を壊したこともない。

この露店では、山谷の朝市と同様、ゴミとしか思えないようなモノも売っていた。テレビのリモコン、自転車のカギ、鉄アレイ、日本人形などなど。マシなものは、電気工具などの道具だ。これらは働いている人が食い詰めて売ってしまったか、作業現場やドヤで盗んで売ってしまったものだという。

「朝起きたら、道具一式がなくなってたんや。泣く泣く買おうと思ったら、露店で自分の一式をそのまま販売してた。悔しかったわ」

そういう話もよく聞いた。西成のこの露店も「泥棒市」と呼ばれている。

そしてそういったものに並んで、明らかに違法の物も売っていた。1999年の頃は裏ビデオの販売が盛んで、VHSのビデオテープをズラッと並べて売っていた。なお、1本1000円で買うことができるのだが、またその露店に持っていけば1本500円で買い取ってくれるという珍しいシステムだった。セルとレンタルの間のようなお店として、労働者や大学生からも重宝されていた。この裏ビデオの販売はずいぶん長く続いた。アダルトの裏ビデオも多かったが、映画やアイドルのビデオなどを違法ダビングして販売する露店が多かった。これは露店だけではなく、同地域の路面店の古書店でも販売していた。西成は住んでいる人の年齢層が高いため、置いてある商品もその人たち向けの作品が多い。

アダルトでは熟女モノが人気だし、任侠ヤクザモノ、時代劇などが主流だった。

また、韓国から輸入してきたタバコ（税金の差で安く仕入れることができた）や有名銘柄のパッケージを真似して密造した「ニセタバコ」と呼ばれるものを売る露店もあった。

僕が取材していちばん驚いたのは、話を聞いていると「西成もおとなしくなった」「釜ヶ崎も普通の街になっちゃったよね」と語るホームレスがたくさんいたことだ。たしかに、すでに住人はかなり年を取ったし、暴動も起こらなくなっていた。

とはいえ、日本国内でこんなにカオスな街は他に見たことがなかった。高度成長期の頃の西成がどんな様子だったのか、少しだけ見てみたいと思った。

日本一武闘派な警察署

そんなカオスな街の治安を守る立場を担うのが、三角公園や四角公園のところでも触れた西成警察署。とても堅牢な建物であり、周りには頑丈な柵が張り巡らせてある。

門の前では警杖《けいじょう》を持った警察官が常に監視の目を光らせている。一度酔っ払っている老人が、警察官に向かって「この、税金泥棒が!!　税金泥棒!!」と怒鳴ったのを目撃したことがある。

こういった威勢のいいヤジを警察官に飛ばす酔っ払いは全国各地の繁華街にいる。警察官も慣れたもので、通常は無視するか苦笑いをして終わらせるのだ。

しかし、西成の警察官はそうではなかった。警察官はガッと前に出て、「お前、いうほど税金払ってんのかコラ!!　ああ？」とその酔っ払いホームレスのケンカを思いっきり買ったのだ。老人も引かずに「税金泥棒!!」と言い続けたが、一緒に歩いていた人が空気を察して、慌ててその老人の腕を引っ張って連れていった。

これは西成警察署の雰囲気を伝えるわかりやすいエピソードだと思っている。他の警察署と違い、とても好戦的で武闘派なのだ。

２０００年前後は西成署の近辺を制服警官がパトロールする時は、７～８人で列をなし、前後の間隔をほとんど空けずに歩いていた。もちろん警杖を持ち、防刃チョッキも着込んでいる。パトカーは大型の四輪駆動車を使用し、ガラスには金網が貼られていた。中に乗っている人も機動隊の装備を着込んでいた。とにかくよその地域では絶対に見ないほど、西成の警官は重装備だったのだ。

実は、初めて西成を訪れた１９９９年の夏にも、警察署に立ち寄った。とにかく街の喧騒に圧倒されてしまい、ろくろく話も聞けず、仕方がないので警察に話を聞きに行ったのだ。

警察署にアポなしで行ってすぐに話を聞かせてもらえることはまずない。ただこの時は「さすがに答えてあげないと、こいつが大変なことになるだろう」と気遣ってくれたのか、副所長と刑事のふたりが話を聞かせてくれることになった。

「あんた、ここを簡単に考えてるやろ？　カメラとか持ってたらガンッていかれる（殴られる）で。そんな格好で歩いてたら、警察官と間違われて刺されるかもわからんぞ」

そう目いっぱい脅された。ちなみにこの時の格好は、Tシャツに短パンだった。西成では警察官も労働者風の格好で、パトロールしていることがある。

「日本でTシャツで勤務できるのはここだけやからな（笑）。彼らを刺激せんように気を使ってのことや」

刑事はそう語った。ただホームレスに話を聞くと、たとえ労働者風の装いをしていても、パッと見てわかるという。三角公園にいた野宿労働者には「どんな格好をしてても警官は耳の後ろがキレイやわ。そこ見たら一発でわかる」と得意げな顔でいわれた。

副所長と刑事はとにかく、脅すような話を繰り返した。

「同じ場所をずっと見つめんように、なんかあるんかと思って人が集まってくるからな。

あと意味なく走らんように。そのままみんなが走り出したらまずいからな。あんたらが発端で暴動が起こったら困るんよ。せいぜい気をつけて取材してください」

そうジッとこちらを睨みながら話した。そして最後にこうダメ出しされた。

「それから最後に、覚せい剤とか売ってますけど買わないように。あと定期的に赤痢が流行りますから手はよく洗うように」

警察署に入る前よりも、街を歩くのをビビってしまったのを覚えている。

平成に起こった西成の暴動

今の話にも出てきたが、西成の警察官がいちばん恐れていたのは暴動だった。西成の暴動は１９６１年の第１次暴動を皮切りに、１９６０年から１９７０年代だけで21回も起こっている。ただ、１９７３年の第21次暴動を最後にしばらく大きな暴動は起きなかった。

しかし、平成に入った１９９０年と１９９２年に相次いで暴動が起こった。前者の暴動は、西成警察署の署員が暴力団から賄賂をもらっていた事件がきっかけになったため、西成警察に対する攻撃も激しかったという。暴力団によるピンハネや警察官の日頃の対応に対する鬱憤があったのだろう。参加者は千数百人に膨れ上がり、石や火炎瓶を機動隊に投げたり、車を横転させたりするなどの抵抗・暴動行為が数日間にわたって続いた。最終的には機動隊が２５００人動員され、ジェラルミン製の盾の角や縁で暴徒を殴打し、制圧することで終わった。

１９９０年といえばもう30年も前になるが、平成が始まってすぐの時代だ。当時ニュースを見ていた僕も、「このご時世に暴動が起きるとは!!」という感覚だったが、多くの日本人が同じ感じだったろう。どこかの異国のデモを見るような感覚だった。

そして、さすがにもうこの時代に暴動は起こらないだろうと思っていた２００８年６月に、第24次西成暴動が起きた。これは、21世紀に入って起きた日本最初の暴動である。

西成の食堂で、店員と日雇い労働者との間に発生したトラブルが発端だ。店員の通報で労働者が西成警察署へ連行された際、暴行を受け「始末書を書かなければ生活保護を打ち切る」と恫喝されたという（西成署は「暴力は振るっておらず、対応は適正だった」と否定）。これに対して労働組合が翌日抗議を始めたところ、労働者やホームレスが暴徒化したことで、機動隊が出動し、８人を検挙したという。この暴動は数日間にわたって続き、挙げ句の果てには不良少年も交ざって投石や花火を西成署に打ち込み、警察官18人が負傷したという。労働組合の委員長が逮捕されたことで、沈静化した。

僕はこの暴動の後の６月末に、週刊誌の取材で西成を訪れた。街の所々に暴動の跡が残っていた。地面のレンガは掘り出されて、警察署に対する投石に使われたというが、実際、地面に穴が開いていた。その後アスファルトで埋められたものの、痕跡は２０２０年２月現在も残っている。

この暴動に参加したというホームレスに話を聞くと「放水車が出てきて制圧されたわ。もろに顔に食らった人は失明したかもわからん。ただ、やっぱり昔の暴動に比べたら元気がないわ。もうみんないい歳やからな」といっていた。

最初の西成の暴動からはすでに、半世紀ほど経っていた。30歳で最初の暴動に参加した人も、すでに後期高齢者だ。２００８年の暴動は、１９９０年代と違い、投石の飛距離もぐっと落ちていたようで、ジェラルミン盾を構える機動隊から数メートルの距離まで近づいて石をぶつけるという状況だった。時代も時代だからか、機動隊も暴動の参加者（高齢者）を盾の縁でフルボッコにするといったことも起こらなかったようだ。

なお、２０１９年３月31日に西成にあったあいりん総合センターが老朽化による建て替えのため閉鎖された際、１００人以上の人が集まり、座り込みや、抗議が続いた。この時、「第25次西成暴動が起きるのではないか？」と煽るような報道もあった。しかし、結果を見れば、閉鎖は４月24日にズレ込んだものの、これまでのような大規模な暴動にはいたらなかった。

そして、この平成最後の年にあいりん総合センターが閉鎖したこと、そしてその際に暴動が起きなかったことは、今後、ホームレス史、そして西成の歴史を語るうえで大きなターニングポイントになると思っている。というのも、この時、僕はホームレスタウンとしての「西成消滅」という未来像をリアルに想像したからだ。

西成最大のランドマークタワー・あいりん総合センター

あいりん総合センター閉鎖によるホームレスタウン西成の消滅。それを語るには、まず閉鎖されたあいりん総合センターについて説明しなければならない。

あいりん総合センターは、１９７０年に建てられた西成最大のランドマークだ。13階建ての巨大な建物が街の中に溶け込まないまま建っており、間近で見上げると威圧感がある。

この建物は、１階から３階が国や大阪府の管理下にあるあいりん労働福祉センター、５階と７階が大阪市の管理下にある大阪社会医療センター、５階から13階の市営住宅で構成されている[*4]。

この１階部分は国の所有であり、求人および求職者の寄せ場になっている。１階の総面積は４０８８平方メートルで、中規模の小学校の運動場をイメージしてくれればそこまでズレることはない。求人車が一列に70台程度停められる駐車スペースと、数千人規模の日雇い労働者が相対形式で求職活動を行なえる広さと構造になっている。いくつもの巨大な柱が下駄のように建物を下から支えており、誰もいないところを見れば、巨大スーパーの１階にある駐車場スペースのように見える。

以前、１９７０年代に撮られたセンター前の白黒写真を見たことがあったが、そこには、センター内だけでなく、センターの周りにも路上求人をしている自動車がぎっしりと停まっていた。ちなみにセンターに入らずに求人する業者は、西成労働福祉センターに登録していない無届業者が大半だ。こういう業者は登録業者以上に賃金の未払い等の不正に注意しなければならない。

ここに早朝５時から午前中にかけて、求人車と仕事を求める多くの日雇い労働者がやってくる。

１９９９年は、２０２０年現在よりもずっと日雇いの仕事は多かった。僕が初めて西成に行った日の朝６時頃には停まっている自動車の数は10台未満だったが、普段であれば同時間帯には1階ホール全部とはいわないまでも、求人車と労働者で賑わっていることが多かった。公益財団法人西成労働福祉センターの事業報告書によれば、２０００年の日雇い（現金）求人（相対）[*5]は82万９８２６人。前章で紹介した山谷のセンターの同年の窓口紹介数（５万８８３件）とは規模が違うことがわかる。

しかし、仕事に溢れてしまうホームレスにしてみたら、マッチングできる仕事は減っており、当時でも厳しい状況だったという。

「昔はいくらでも仕事はあったよ。今（１９９９年）は作業時に使う安全帯や安全靴は自分で用意しなければならないけど、以前は現場が用意してくれた。『とにかくなんでもいいから来てよ』って頼まれたけどね。今は手配師にツテがないと仕事がないから」（西成在住の50代ホームレス）

求人件数があっても、いつも頼まれている人以外の雇用はそこまで簡単ではなく、また作業によっては業者と直接話した際、年齢等の理由で門前払いを食らうこともあるようだ。西成においての日雇い労働の求人は、バブル直前の１９８０年代後半がピークでその後減少。１９９５年に一時的に阪神・淡路大震災後の復興事業で増加したが、やはりその後は一貫して減少し続けているという[*6]。

午後になると、センターの1階部分には求人車や求職者はいなくなり、代わりにズラーッと荷物が並べられていた。夕方になるとこの場所で炊き出しがあるため、それの順番取りのために荷物を置いているのだと聞いた。

西成の街中で募集していた焼き鳥屋の仕事に行ってみると

２０００年に、出版社から「西成で仕事を探して働いてくる」という企画をふられたことがあった。

健康だったし、年齢も20代で若かったから、行けば日雇い仕事など簡単に取れるだろうと思い、朝6時に西成のドヤから出てセンターに向かった。しかし、この日はすでに遅すぎたようで、朝5時台で大方の仕事の手配が終わってしまったと聞いた。

数台の車は停まっており、手配師がいたが、顔見知りの労働者を自動車に乗せて走り去っていくだけだった。僕のような新参者ではなかなか仕事を得られない状況だった。そうこうしている間に、手配師はひとりもいなくなってしまった。

なんの経験もコネクションもないと、日雇い労働といえども仕事を受けることはできないのだ。失意の中、西成を歩いていると「焼き鳥屋の従業員募集　委細面談」と書かれた張り紙があった。日雇いではない契約雇用のようだが、普通なら、時給７００円とか日当６０００円とか月給18万円〜とか書かれてあるが、そういったものは一切書いていなく、「委細面談」とだけある。嫌な予感しかしなかったが、他に当てもないため、そこに行ってみることにした。西成の中に新たにできたという焼き鳥屋に向かい、「焼き鳥屋の募集の張り紙を見ました」と直接面接に行った。

店から出てきたのは、かなり柄の悪そうな初老の男性だった。

「なんや、若いのにこんな仕事したら親泣くでえ。とりあえず飯食わせたるわ」

そういわれて、その場で焼き肉をごちそうになった。普通のバイト面接では絶対にない光景である。なお、面接の際、履歴書も必要なかったし、身分証を見せろともいわれなかった。何より、名前や住所を書けともいわれなかった。つまり、そもそも身分証などを持っていないのが前提で人を雇うシステムだったのだ。身分証も名前を告げることも必要なく仕事にありつけたということは、ろくな仕事であるはずがないと思った。

通された寮は、狭い部屋に二段ベッドが何台も並んでいた。そこに男たちが眠っている。

壁には「金を稼ぐぞ!!　金を稼ぐぞ!!　百万円　百万円　百万円　欲しい!!　欲しい!!　欲しい!!　銭銭銭銭」とアニマル浜口のような高テンションの張り紙がいくつも貼ってあ

った。上司が社員にハッパをかけるために貼っているようだったが、正直僕は気が滅入った。

僕と同時期に働き始めた人たちは、元来のホームレス、横領をして会社にいられなくなった男性、会社をクビになって行き場のなくなった男性、そしてギャラの安い仕事しかない新人ライターの僕。皆、お先真っ暗な人ばかりだった。

上司は面接の時に会った人よりもヤクザ風な人が出てきた。実際に反社会勢力としっかりつながっている団体だったことも確認した。

時給50円、1日21時間労働の世界

仕事の内容は、屋台を引いて、焼き鳥を焼いて売るというものだ。しかし、その会社はそもそも屋台を出す許可を取っていない。通報されたら立ち退いて、よその場所で店を出すという、イリーガルな仕事だった。

まずは朝5時に起こされて、鶏をさばく仕事を押しつけられる。凍ったニワトリを切るので、手が赤く腫れる。調理が終わったら、それを箱詰めして、各屋台に運ぶのだ。その段階で、昼前くらいになっている。

そこから自分の屋台を引っ張って、焼き鳥を焼いて売る。焼き鳥を売り続け、夜中の11時くらいに店を閉め、寮に帰ってきてシャワーを浴びると深夜の2時だった。21時間労働という完全に違法なものだ。

その3時間後には叩き起こされて、また鶏をさばき始める。ちなみに、これでもらえる給料は食費や宿代などを引くということで１日１０００円から多くて２０００円程度だった。時給にして50円から１００円弱である。壁に貼っていた１００万円を稼ぐには2万時間。１日21時間労働をしても、９５０日以上かかる。その間にもちろんお金を使うわけだから、１００万円など永遠に貯まらない仕組みだ。

もちろん安いし、ひどい扱いだが、働いている期間はとにかく身体の疲労がひどく、「ゆっくりと眠りたい」ということしか考えられなくなっていた。こうやって、頭も正常に働かない状況にされ、違法労働に身を沈めていくのだろう、と思った。

その会社では、事故も多発していた。睡眠時間が足りないのだろう、焼き鳥を焼きながら意識を失い、焼台に突っ込み全身火傷をした人がいたと聞いた。

「あんなカスのおかげでこっちは大損や!!」

ヤクザ丸出しの上司はそう激昂していた。

ある日、同僚の元ホームレスの人たち数人が、休憩時間にしゃべっていた。当時は小渕内閣が終わり、森内閣になったばかりの時期だった。「小渕は政治的に云々」「自民党はそろそろ云々」などと話していると、件のヤクザ丸出しの上司が顔を真っ赤にして入ってきた。

「小渕や森がお前らに1円でもくれるんかい？　お前らに政治なんか関係ないんじゃ!!　かっこつけてなんの役にも立たん政治の話をしてる暇があったら、目の前の焼き鳥を売ることだけを考えんかい!!　寛平ちゃんの『わしゃ止まると死ぬんじゃ』ってギャグ知ってるか？　人間は止まると死ぬんじゃ!!　働き続けんかい!!」

そう大声で怒鳴った。みんなシュンとおとなしくなってしまった。ものすごく乱暴な意見だが、僕はなぜか感銘を受けた。たしかに一理あるなと思い、以来政治のことについては語らず、目の前の仕事をコツコツとこなすようになった。

このような経験から、西成では身分証を持たなくても仕事を得られることがわかった。そういう意味では住所を持たないホームレスであろうと仕事にありつける。ただし、僕が滞在したタコ部屋のようなところに押し込められ、働いても給料すらもらえなかったなどという話はこの後の取材でもよく聞いた。

しかも、匿名でも許されるため、犯罪者が逃げ込む場所になっているのも問題だろう。実際、２００７年3月に英会話講師を殺害した市橋達也が逃げている際に潜伏した場所として西成は話題となった。

あいりん総合センターとハローワークの違い

話をあいりん総合センターの施設に戻そう。地下1階には労働者のための低額シャワー室（1回１００円）も設置されているほか、建物の3階や4階には屋台風の食堂や喫茶店、囲碁や将棋を楽しめる娯楽室まで完備されていた。

これらは、あいりん地区の日雇い労働者の就労斡旋と福祉の向上を目的に設置されたため、多くの読者の方が見るような、全国にある通常の公共職業安定所（ハローワーク）が入る施設とはだいぶ様子が違う。そもそも、3階にあるあいりん職安では、職員がホームレスたちに積極的に職業を紹介している姿は見られない。西成の場合は、日雇・現金求人の紹介は1階の寄せ場ですべて行なわれており、日雇・契約求人の紹介は、寄せ場の相対紹介が82％、3階にある西成労働福祉センターの窓口での紹介が18％となっている。[*前出6]

3階にいる職員の仕事は、もっぱら雇用保険金支払いだ。日雇雇用保険の場合、失業したその日に失業給付をもらうには、決められた条件をクリアしなくてはならない。それは給付を受ける月の前2ヵ月に合計26日以上の日雇就労を適用事業所で行なっていることだ。事業所から日雇労働被保険者手帳に雇用保険印紙の貼付を受け、その数と納付額に応じ、一月につき13日分から17日分に相当する日雇労働求職者給付金を受けることができるという仕組みである。ただ、近年は、そもそも日雇いの仕事が減っており、雇用保険の給付条件をクリアできない人も急増している。

あいりん総合センターは、労働者に交じって、寄せ場で仕事がもらえる状態ではなく近場でアルミ缶回収などをしているホームレスが集まる場所としても重宝されていた。なお、3階と1階の空いている床のスペースに、段ボールや新聞を敷いて寝ている人が何十人もいた。

一部の人は娯楽施設で囲碁や将棋を楽しんだりスポーツ新聞を読んだりして過ごす。彼らは先述したシェルターの受付が開始される夕方まで、ここに居座る。

3階以上の館内は、屋根がある分、外よりは過ごしやすそうだが空調は効いていないようだった。中には上半身裸、パンツ一丁の人もたくさんおり、まるで家の中のようにくつろいでいる。館内のトイレに行くと、全身裸になった男性が、石鹸で身体を洗っていた。

１００円のシャワー代すら惜しいのだろう。僕は初めて見た時は驚いてたじろいでしまったのだが、他の人たちはなんとも思っていないらしく、日常の光景のようだった。公共の施設内とは決して思えない。

このあいりん総合センターの前にはご丁寧に酒の自動販売機があり、アルコール度の高い安いカップ酒を煽って泥酔している人も多かった。みんなに酒をせびっていた男が、誰もがシカトをするのに腹を立て「おいこら!!　俺は天皇陛下の息子や!!」と怒鳴っていたのを覚えている。

とにかくみんなしたたかに酔っていた。一時はセンターの周りには、テントが建ち並び多くの人が住んだこともあったが、ある時急に撤去され、自転車置場に変わっていた。

あいりん総合センター閉鎖から見る〝西成浄化計画〟

あいりん総合センターが閉鎖される際に、抗議が起こったことを先述したが、通常のハローワークが「業務集中化のため」といって閉鎖されるからといって、大きな抗議は起きないだろう。抗議が小規模ながらも起きた理由は、やはりここが職業紹介する場所というよりも、高齢労働者やホームレスたちの〝居場所〟になっていたからだと思う。

なお、新しい労働施設は2025年に完成する予定だ。この建て替えに伴い、センターの裏手の南海高野線の高架下に仮移転施設が用意されていた。ただ、2019年に訪れた際も、ホームレスたちが前の施設のようにくつろぐ様子は見られなかった。

建て替えされても職安の機能は残るだろうが、新たな施設がホームレスたちの憩いの場となることを行政が許すかといえば、そうはならないのではないか。2025年に、できたばかりの施設で、ホームレスが段ボールを敷いて寝たり、パンツ一丁で施設内を徘徊したりなんてことは、時代的にも許されないだろう。前のあいりん総合センターは、ホームレスたちが半ば〝占領〟していた状態で、しかもそれを施設も許容してきた。ホームレスたちも、新たな施設ではもうそれらが許されないことがわかっているからこそ、センターの閉鎖に最後の抗議をしたわけだ。

しかし、結局、暴動に発展する勢いはなく、労働団体を含めた抗議者たちの高齢化も顕著だった。彼らには石を投げつける腕力・体力も残っていない。

以上のことから、令和という新時代に、第25次西成暴動と呼べる大規模な暴動はもう構造的に起きないのではないかと思っている。そして、あいりん総合センターのホームレス占領の中止は、西成という街がホームレスに占領される現状を打開するための大きな一歩になるだろう。

実際、国や大阪は、ドヤ街でありホームレスの街である西成そのものを、２０２５年の万博を前に〝浄化〟しようとしているのだ。

橋下徹の「西成をえこひいき」

西成の〝浄化〟は、２０１１年12月に大阪市市長に就任した橋下徹が、２０１２年１月に提示した西成の改革案から始まった。

「西成を、えこひいきする!!」

行政から見ると、西成は衛生、環境、治安、経済、福祉、教育など、とにかくあらゆる方面で問題を抱えた地域だ。しかも、様々な利権が絡まり合っており、手のつけようがないと思われていたため、長らくブラックボックスとなっていたわけだ。

しかし、橋下市長は「とことん政治の力を注入しないと街なんて簡単に変わらない。西成区をまず変えるのが大阪の街を変える一歩になると思う」と発言。「街が元気づくのは子どもの力がいちばん大きい」と、２０１２年当時、65歳以上の人口が34％を超え、住人の４人に１人が生活保護を受けていた西成区を、子育て世帯誘致の「特区」にしようとした。

2012年10月11日に、有識者による西成特区構想プロジェクトチームの第3回会議が開かれた。そこで、「野宿生活者、高齢日雇労働者、生活保護受給者の自立・就労支援」「地域内の福祉の課題、社会的資源の活用」「医療問題・結核対策」「治安対策、不法投棄、公園テント・小屋掛けの平和的解決」「子育て施策、子育て世帯の呼び込み策」「教育施策、教育産業振興」「国内観光・国際観光振興、アート振興策」「あいりん総合センターの今後のあり方、日雇労働市場の今後のあり方、新今宮駅前再開発のあり方、未利用地の戦略的活用、ハウジングとまちづくり」の8分野56項目の西成特区構想の方針が正式にまとまった。

8分野の内容を見てみると、「野宿生活者の自立・就労支援」「公園テント・小屋掛けの平和的解決」「あいりん総合センターの今後のあり方」の3分野が、ホームレスの暮らしに直接的に大きくかかわってくる問題になっている。この西成特区構想の本格実施は、2013年度から始まったが、はたして「えこひいき」される対象の中に、西成の住民であるホームレスは入れたのだろうか。労働者のテーマパークともいうべきあいりん総合センターにも容赦なくメスが入り、閉鎖されてしまったことを見ると、とてもそうは思えない。

外国人観光客が街のホームレスを駆逐する

西成特区構想が本格的に始まったことにより、大阪府警も本気を出して治安向上に動き出した。

２０１４年4月4日には、大阪市、大阪府、大阪府警が協力し、あいりん地域における覚せい剤をはじめとする薬物の取引や、ゴミの不法投棄の改善など地域の環境整備を推進するための5ヵ年計画「西成特別対策事業」に取り組むことを宣言。府は5年間総額約４億６０００万円の予算を計上し、府警もあいりん地区内での交番の移転・拡充、街頭犯罪防犯カメラの整備や24時間体制の見回りなどを実施していった。

これらの対策は一定以上の成果を挙げており、地区内の薬物犯罪摘発人数は２０１３年の３６２人から翌年の２０１４年には４３９人に急増。当初は計画の最終年となるはずだった２０１９年の1月には、最長5年の事業継続が決定した。ホームレスは直接的な摘発を受けるわけではないが、街に警官や監視カメラが溢れていては、管理されることを何よりも嫌う彼らは当然暮らしにくくなるだろう。

そして、これらの事業は、２つの理由から、今後ますます力が入っていくことが予想される。

１つ目は２０２５年に開催が予定される大阪万博だ。２０１８年11月23日にパリで開かれた博覧会国際事務局総会で、２０２５年に55年ぶりとなる大阪万博の開催が決定した。西成特区構想には、国際観光振興も含まれているが、大阪万博に向けて外国人観光客によるインバウンドに対する期待はさらに加熱していくだろう。

すでに星野リゾートや南海電鉄、ＪＲ西日本、大阪市高速電気軌道（大阪メトロ）の４社が２０１９年９月18日に「新今宮駅周辺観光まちづくり推進協議会」を立ち上げ、西成区にある新今宮駅周辺を関西観光のハブにすべく、連携しながら再開発を始めた。星野リゾートは２０２２年にホテル「ＯＭＯ７《オモセブン》」を駅の北側に開業予定だ。南海鉄道も２０１９年９月28日に日本で初めての外国人向け就労トレーニング施設「ＹＯＬＯ　ＢＡＳＥ」を開設した。２０３１年には、大阪市の都心部を南北に縦断する「なにわ筋《すじ》線」も開通が予定されており、新今宮駅にインバウンド客が押し寄せるのは既定路線だ。

現在はまだ駅の北側の開発ばかりだが、もともと日雇い労働者向けの安価な宿が多かった南のあいりん地区にも２０１０年代からバックパッカーが増え始めているという。[*7] あいりん地区のある南側でも新たなホテルが建設されており、開発の波が届くのも、時間の問題だろう。

日本人相手なら〝なあなあ〟にできることも、外国人相手ではそうはいかない。海外に向けてホームレスのいる街だと思われたくない自治体は、駆逐の手を緩めないだろう。あからさまな摘発などは人権の問題上行なわれないとしても、真綿で首を絞めるように街中での住処を徐々に追われるホームレスたちの未来が予想される。

２つ目は、教育施設の存在だ。西成特区構想の大きな柱は、教育面の充実だ。実際、２０１５年４月には、大阪市立新今宮小学校・今宮中学校が開校された。この学校は大阪市の教育委員会の教育改革の目玉で、授業時間を増やすことで、小学校１年生からの英語教育やパソコン・タブレット端末を取り入れたカリキュラムを実施する「スーパー小中一貫校」。この開校もあって、行政が治安の回復に積極的になった面もある。

２０１８年10月31日にあいりん地域にかかわる有識者委員によって市長に報告された２０１８年度から２０２２年度の「西成特区構想　まちづくりビジョン有識者提言」では、「子どもの声が聞こえるまち」「再チャレンジ可能なまち」がコンセプトの中心になっている。なお、市の発表する資料によれば、あいりん総合センター跡地が入る新今宮駅の南側一帯は「子どもの夢実現モデルＺＯＮＥ」になるようだ。[*8] そうなるならば、やはり路上で暮らす人を野放しにはできないだろう。

ホームレスの「西高東低」は崩れていくのか

子育て世代とホームレスがお互い理解し合って手を取り合って共存する。これは、20年ホームレスを取材してきた身からすれば、現実を見ていない話だ。

ホームレスが住んできた西成は、覚せい剤が蔓延し、違法賭博が行なわれ、違法DVDが無許可の露店で売られ、公園の不法占拠がまかり通ってきたという街だ。西成は「なんでも受け入れてきた街」だった。

ホームレスは、社会の〝隙間〟を見つけ出し、そこで生きることができる人たちだ。管理が甘い公園や道路を見つけ出し、そこを不法占拠し、ねぐらにする。管理が厳しくなったら、また新たな場所を見つける。そんな彼らが住む街として選んできたのが、吉祥寺でも吹田でもない西成なのだ。

一方、子どもがいる親はどうか。子どもの安全のためには、むしろ〝隙間〟がない街を求める。つまり、大阪府や大阪市、大阪府警の答えは、西成をこの後者の街にすることなのである。その実現のために、私学の進学校並みの教育内容を実施する「スーパー校」の建設という後戻りできない状況を作り出し、西成を浄化しているのだ。

5ヵ年計画を着実に進めていけば、ホームレスの楽園であった西成は隙間のない普通の街として生まれ変わる。そこをいかに〝ジャック〟していくかは西成ホームレス各々の手腕によるが、街自体がこれまでのようにホームレスにジャックされたら、子育て世代は確実に街から離れる。あちらを立てればこちらが立たずの状況は続くわけで、両者の共存は絵に描いた餅に過ぎない。

無論、ホームレスの街のジャックを大阪府や府警が許すことはないだろう。それにホームレス自身も、著しく高齢化が進んでおり、力ずくでジャックすることもできない。多くの人はホームレスをやめて福祉マンションに住むことになるかもしれない。2020年現在、「西成消滅」は徐々にだが着実に進められている。

（注）

＊1―『鵺の鳴く夜を正しく恐れるために―野宿の人びととともに歩んだ20年』（稲葉剛　エディマン　2015年）の巻末年表

＊2―2009年12月24日大阪市長会見全文（https://www.city.osaka.lg.jp/contents/wdu210/mayor/text/text091224.html）

＊3—総務省統計局「消費者物価指数（２０１５年基準消費者物価指数）２０１９年9月月報」参考。

＊4—西成区公式サイト「第17章　あいりん総合センターの現況と問題点、新しいセンターのイメージ（たたき台）」（ありむら潜）（https://www.city.osaka.lg.jp/nishinari/cmsfiles/contents/0000187/187570/17.pdf）

＊5—西成のあいりん総合センターでは、公益財団法人西成労働福祉センターが窓口で求人紹介も行なっているが、ほとんどの労働者は建物1階で登録業者と日雇い労働者が内容・条件などを直接確認し合う相対というシステムが採用されている。

＊6—西成区公式サイト「第16章　日雇労働市場の将来と西成労働福祉センターとあいりん職安の今後のあり方」（福原宏幸）（https://www.city.osaka.lg.jp/nishinari/cmsfiles/contents/0000187/187570/16.pdf）

＊7—日本経済新聞電子版２０１９年9月20日付「大阪・西成、観光のハブに　星野と鉄道3社が連携」（https://www.nikkei.com/article/DGXMZO50007190Z10C19A9LKA000/）

＊8—大阪市公式サイト「まちづくりビジョンにおけるゾーニングイメージ」（https://www.city.osaka.lg.jp/nishinari/cmsfiles/contents/0000450/450779/gaiyou2.pdf）

第4章 東京五輪

そしてホームレスは見えなくなった

1990年代以前にもいた新宿駅西口地下街のホームレス

ホームレスを見かける場所といえば、繁華街の駅周辺をイメージする人は多いだろう。第2章でも触れたが、このイメージを全国的に広めたのは、1990年代にメディアでも話題となった新宿駅西口地下道に住むホームレスの存在だろう。

新宿駅西口は1970年代から新宿副都心の整備が開始された。1980年代にも開発・再開発事業が進んで商業地区が拡大する中、1985年に新宿都庁の新宿副都心への移転が決定した。

一方で、新宿駅は1990年よりも前から手配師による労働者の駅手配が行なわれる場所として知られていた。仕事にあぶれたり、仕事から帰ってきて酒をひっかけていたりする労働者が駅の地下街に座り込む姿は日常の光景だった。

1981年から1990年まで放送されていた人気ラジオ番組『ビートたけしのオールナイトニッポン』でも、度々「新宿西口のおっちゃんが」という発言がたけしの口から出ていたのを覚えている人も多いだろう。当時は、まだホームレスという言葉は日本では一般的ではなかったが、それが当時「ルンペン」「浮浪者」といった差別用語で形容されていた人を指すのは、子どもの僕でも理解できていた。

つまり、新宿駅西口の地下には、１９９０年以前から、ホームレスの人が居ついている状況だった。これは『新宿区史　区成立五〇周年記念』を読むことでも確認できる。新宿区は、１９８０年11月から新宿駅周辺環境浄化対策会議を設け、新宿駅周辺のクリーン作戦として、週に２回の集団パトロールを実施していた。この際、ホームレスに声かけ等をはかり、排除活動をしたのだ[*1]。

この11月10日に行なわれたオープニングパトロールを伝えているのが、当時の新宿区広報である。東京都教育庁総務部長、新宿区教育委員長を経て区長になった山本克忠が、多数の報道陣を前に「徹底的に浄化の実をあげることが大切」と語り、白タスキと腕章をつけてパトロールの先頭を切る様子が報じられている。この際、地下道から地上へ上がる階段の踊り場で「ダンボールにもぐり、寝ている浮浪者を見つけ注意を」促す様子や、新宿コマ劇場まで行った後に、当初の予定を変えて、ホームレスが多数いるはずの大久保公園に向かったものの「いつもは浮浪者の酒盛りでにぎわうこの公園もなぜかこの日は閑散」と当てが外れた様子が紹介されている（カギカッコは引用部分）。

なお、広報の見出しのタイトルは「浮浪者・客引き・違法看板などの一掃を目指す」とある。一掃を目指すものとして、違法な「客引き」や「違法看板」を抑え、「浮浪者」がトップに来ている。誰がどう見ても、ホームレス対策の色が強いパトロールだった。

今見れば、人権的問題もあるように見える新宿区のパトロールだが、当時、反対の声はさほど上がらず、むしろ後押しする声が大多数を占めた。というのも、このパトロールは、同年８月に起きた、ある悲痛な事件が契機となって始まったからだ。それが、新宿西口バス放火事件である。

１９８０年８月、東京都新宿区の新宿駅西口バスターミナルで起きた路線バスの車両が放火された事件だ。仕事帰りの乗客で溢れる新宿発・中野車庫行きの京王帝都バスの後部乗降口から、火のついた新聞紙と盗んだ金物バケツに入っていたガソリンを男が投げ込んだ。火は瞬く間に燃え広がり、８歳男児を含む６人が死亡、22人が重軽傷を負った。

このバスの放火犯が、同年３月頃から新宿駅西口で寝泊まりし始めた路上生活者だったのだ。この事件に対する新宿区民の関心は高く、ホームレス対策についての多くの問い合わせが新宿区にあったという。

そして、区は、警察署、地元の商店街と力を合わせて、当時の新宿駅西口にいたホームレスの人数を調べることを開始した。通常の国や自治体のホームレス調査は昼間に行なわれるのだが、この調査は、ホームレスが寝ている深夜から早朝にかけて行なわれており、信頼性が高い数字といえる。その結果、新宿駅西口周辺には当時１５０～１６０人のホームレスがいることが判明。そのうち常時滞留するのが30～40人、約１００人が地下を寝床に働きに出ている状況だったという。なお、区はこのホームレスの溜まり場に濡れたオガクズを撒くという、嫌がらせのようなことまでやっている。

この流れの中で、１９８０年11月に新宿駅周辺環境浄化対策会議が設置されたのだ。翌１９８１年には、住所不定のホームレスに対して、同対策会議は、新宿駅西口地下街に特別出張相談所を臨時開設。暮れの12月28日に初めて行なわれた相談では35人が訪れ、そのうち23人が施設や病院に行くことになった[*前出1]。

都庁移転で一気に政治化した「ホームレス」問題

新宿駅近辺では、１９８０年代にはすでにホームレスの排除運動があったのだが、その後、バブル経済による好景気が訪れ、ホームレス問題は注目を集めることはほとんどなかった。

しかし、時代が平成に入り、バブル経済が崩壊した１９９０年代になると、真っ先に仕事がなくなった中高年の日雇い労働者たちがホームレス化したことで、社会問題として注目される。

　社会福祉学者で路上生活者に詳しい岩田正美によれば、１９９２年の暮れ頃から都市部の主要な駅や公園、河川敷で不法占拠をするホームレスが増加してきたという。[*2]

　新宿駅周辺も同様で、同場所で冬季に段ボールハウスに住むホームレスの支援をしていた団体によれば、１９９２年１月には70人、１９９３年１月には２６５人、１９９４年１月には４０３人と急増していった。[*3] これに対して、１９９３年７月には、新宿三井ビルなどの西口地元代表が都知事宛に道路管理強化を求める陳述書を提出。それを受けて、都は、同年11月頃から西口の地下で段ボールハウスの撤去作業を月に２回に増やす対応を取った。[*4]

　これらは、１９９０年に新宿都庁の建物が完成し、翌１９９１年から本格的に業務を開始したというタイミングとも関係している。要人をはじめ多くの人が、都庁を訪れることになり、新宿駅西口は〝東京の顔〟になった。そこに多くの段ボールハウスが軒を連ねているのは、ばつが悪かったのだろう。

　そして１９９４年２月に第１次強制撤去、続く１９９６年１月に第２次強制撤去が行なわれ、段ボールハウスは解体された。しかし、撤去が行なわれても、ホームレス支援団体の積極的な支援・後押しもあり、同じ場所やそのすぐそばで、段ボールハウスが再建された。

新宿駅西口地下のホームレスを語る際、都庁vsホームレスという構造で語られがちだが、ホームレスの支援団体が強烈にバックアップしたことと、地元の企業や商店街がホームレスを排除する動きを見せたことは指摘しておきたい。先に地元企業が都知事宛に（間接的に）ホームレスを排除するような陳述書を提出したことに触れたが、1996年3月にも、新宿西口の商店街や企業が加盟する新宿西口振興会がホームレス問題の対策をすることと、ホームレスが段ボールハウスを新たに建てた西口地下広場を国際都市にふさわしい環境にすることを求める陳述書を提出した。それを受けて、同年8月からは、東京都と振興会が合同でその場所を水で清掃することを始めている。[*5] つまり、都庁と地元民（地元企業）vsホームレスとその支援者（支援団体）という構図になっており、〝私情〟はそれぞれ後者のほうが強かったりもするのだ。

第2次強制撤去が終わった後に、都庁に通じる地下道のすぐ近くのインフォメーション・センターで段ボールハウスが再建されたことに、都庁関係者は相当ご立腹だったようだ。この後、４０００万円の税金を使って、西口通路に上部が斜めになっている円柱状の突起物５００本が広範囲に配置された[*6]。ホームレスが再度家を建てたり、地面に眠ったりすることができなくするためのものだ（ただ、ホームレスがこの突起物の間を縫うようにして寝ている姿を見たことがある）。個人的な感想だが、ベンチの真ん中に肘掛けをつけたり、ベンチをナナメにしたりするなど、ホームレスが長居できないような「排除アート」と呼ばれるようなものが、この後、日本でも増えた気がする。

　両者がつばぜり合いを演じていたが、１９９８年2月に段ボールハウスで失火が原因と思われる火災が発生し、４人のホームレスが焼死した。同月中に段ボール村は自主解散が決まり、多くのホームレスは都が用意した施設に、一部のホームレスは近くの新宿中央公園に移ったことで、新宿西口地下からホームレスが一掃された。

　ただ、段ボールハウスといった定住施設を建てることなく、夜にだけ寝にくる流動層のホームレスは新宿西口地下や西口地上を利用し続け、それについては半ば黙認された。２０２０年現在は、西口地下で眠るホームレスを見かけない。ただ、駅の地上ではシャッターが降りた後のスペースで段ボールを敷くなどして眠るホームレスはいる。

街にはびこる排除アート

排除アートについて触れたので、少し補足しておきたい。これらは、英語では敵対的建築（hostile architecture）と呼ばれる。アートとは呼ばれていない。たしかにアートというほど、凝ったものではない。

渋谷マークシティには、ホームレスが横になりづらいよう段差がつけられており、石の突起物が並べられている。管理者は「ホームレス排除の意図はない」と説明しているが、どう説明しようがあからさまである。大阪・難波の高速道路下でも突起物は見られた。地面に突起物を並べるのは、危ない。渋谷は酔っ払いも歩けば、子どもも歩く。突起物にけつまずいて、転んだ拍子に、頭を突起物で強打したり、目に突起物が刺さったり、という可能性もあるだろう。害でしかないのだ。

１９９０年代後半、大阪・西成の地域でも、中学校の周りにホームレスが寝てしまい困っていたことがあった。その解決策として、学校の周りを細かい穴の開いたホースで囲み、常時水が流れるようにした。時代を先取りする排除設備だったといえる。しかし、教育の場で「ホームレスを排除する機構」を取り入れるのはどうなのか。常時水を流し続けるというのも税金の無駄だ。ホームレスを邪魔だと思う気持ちはわからないでもないが、当時は学生たちがホームレスに対し、物を投げつけるなどの暴力が相次いでいることも問題になっていた。排除設備の排除する意思が、未成年に伝わることもあるだろう。

ホームレスを排除するための設備は、一般の人にとっても決して使いやすいものではない。下手をすると事故の原因になりかねない。そんな、排除アート・設備を目にするたびに、どんよりした気持ちになる。

ホームレスの多くが〝見える化〟していた時代

東京都がホームレスについての調査を行なったのは、路上生活者が顕著になって以降だ。１９９５年２月に東京の23区で初めての調査がされたのだが、その時の数字は３３００人。その頃から１９９８年２月までは３０００人台だったが、同年８月には４３００人、翌１９９９年２月には４６００人、同年８月には５７９８人と一気に増えている。[*7] 調査の精度が増したことによる増加を鑑みても、１９９０年代の終わりにホームレスが一気に増えていることがわかる。

この時期にホームレスが急増したのは、不況、とりわけ建設業界と製造業の不況だ。失職者が増加したことで、結果的に玉突きされる人材として、中高年の日雇い建設労働者が路上にはじき出されたのだ。

その際、最も多くのホームレスが居住先に選んだのは公園である。１９９８年８月の数字でいえば３８５５人。実に66・5％が公園に住んでいたわけで、10人集めれば７人ほどは公園在住のホームレスということになる。[*前出7] 一般人の多くが利用する公園に居を構えるホームレスたちは、繁華街の駅周辺にいるホームレス同様〝見える化〟していた。

ここから都内の公園にいるホームレスを見ていきたい。とくにホームレスが多い公園として昔から有名だったのは、東京都が管理する上野公園（台東区）、代々木公園（渋谷区）、戸山公園（新宿区）、新宿区がみずから管理する新宿中央公園が挙げられる。どこも堂々たる、大きな公園だ。逆に、住宅街にある小さな公園にはあまりホームレスは居つかない。

僕はホームレスの取材を始めるまでは、彼らは小さな空き地にひとりで住んでいるというイメージを持っていた。たぶん、漫画『ドラえもん』に出てきた「空き地の土管に住む怖い人」の影響だろう。そのキャラは、町内の子どもから税金と称して金を徴収していたのだ。

一方、第１章で触れたが、ホームレス自身もひとりで暮らすと、一般人や犯罪者に暴力を振るわれる恐れがある。そのため、人と接することが得意ではないホームレスも含め、彼らはある程度、集団単位で生活するのだ。傍から見ると、まるで村を形成しているように見える。新宿駅西口の地下で形成された段ボール村が解体に追い込まれたことからもわかるように、駅宿舎でまとまって集団生活するのは、かなり難しい。そこで、彼らは駅よりも管理の緩い公園を選んだのだ。

なお、群れて生活することは、公園管理や近隣の警察署にとってもメリットがある。大きい公園からホームレスを締め出すと、それぞれが他人の家の軒先で寝たり、小さな公園に寝たりしてしまい、ホームレスを把握できなくなるうえ、ホームレスと一般住人との間にトラブルが起こることを懸念している、と警察から聞いたことがある。管理をする立場からすれば、街中に散らばって生活されるよりも、数ヵ所を拠点にして住んでいてほしいわけだ。

ホームレスの前に上野公園を占領していた人たち

まずは上野公園から見ていこう。僕が上野公園で初めてホームレスを意識したのは、1998年冬だった。その前年に上京し、売れないイラストレーターをしながら池袋のスナックで働いていたのだが、当時の僕の状況を心配し、母が東京に訪ねてきた時だ。母は、った。

「どうせ東京に来たのなら上野動物園にでも行きたいわ」といって、一緒に行くことにな

上野公園のイメージというと、名古屋にいた当時は、怖い場所だと想像していた。同公園は不法滞在するイラン人がたむろする場所として、新聞やテレビのニュースを通じて知っていたからだ。

当時の状況を簡単に説明すると、1980年代後半からバブルに沸いた日本に、ビザ免除協定が結ばれていたイランから就労目的で多くのイラン人がやってきて、少なくない人たちが不法滞在者となっていった。イラン人の来日数は1990年5月には約1万人、1991年末に約2万2000人、1992年5月に約4万人とうなぎ登りだった。

上野公園は、成田空港の玄関口ともいえる京成上野駅がある。これがイラン人にとって、同胞が集まる情報交換の場、そして仕事も探せる場として重宝されていたという。上野公園の西郷隆盛の銅像周辺で野宿をするイラン人も現れ、一時は公園周辺に100人を超すイラン人がたむろしていた。その後、上野警察のパスポートチェックが強化され、数は少なくなっていく。

しかし、上野公園で大麻をグラム4000〜1万円で販売したり、上野駅周辺で偽造テ

レホンカードを売ったりしたりするイラン人が現れ、これが新聞やテレビで大々的に報じられ、社会問題となった[*8]。

こういった報道を僕もメディアを通じて見聞きしていたため、「イラン人が違法薬物や偽造テレカを売っている場所」と思っており、上野公園にはいいイメージをまったく持っていなかった。

しかし、名古屋から東京に遊びに来た母と一緒に見た上野公園は、そんな自分のイメージとはよくも悪くもまったく違っていたのだ。

ホームレスの住みたい上野公園地区ランキングトップは？

上野公園に行くと、東京国立博物館の正門前にある大噴水の周りにある緑地の中を、無数のテントが占領していた。木から木にロープがかけられ、そこに青いビニールシートをかけて簡易型のテントを自作している人が多かった。その他にもリヤカーの荷台の上にテントを置き、そこで暮らしている人もいた。テントの周りには、空き缶がパンパンに詰められたビニール袋がいくつも置かれていた。公園の車両進入防止柵には洗濯物が干されていた。

なお、この後に描くホームレスの人もそうだが、公園の子どもの遊び場や園内の歩道にテントを堂々と建てる人はほとんどいない。木が生い茂る緑地の中や、建造物の裏といった比較的目立たないところに建てるのが普通である。上野公園については、当時は全体がホームレスに占領されている異常状態であり、スペースの関係から例外的に目立つ場所に居を構えていた人もいたが、路上生活しているところを人々に見られたいと思うホームレスはいない。

上野公園は、１９９６年4月30日時点で、すでに２９０人のホームレスがいたことが台東福祉事務所によって確認されている。同じ時期にＪＲの上野駅には１１０人、営団の上野駅には50人と計１６０人いたということから、この頃から上野駅でもホームレスは目立つ存在だったのだろう[*9]。

１９９８年8月の時点で上野公園には３２１人（うち10人は女性）のホームレスがいたことが東京都の調査でもわかっている。同調査結果から同時期の他の公園と比べてみると、代々木公園１４０人（うち２人は女性）、戸山公園２３８人（うち3人は女性）、日比谷公園81人（うち２人は女性）と、上野公園の数字が突出している[*10]。

僕が最初に見た上野公園の噴水周りのテント村は、当時、同公園内で最もホームレスの人口が集中している場所だった。そこではキリスト教団体が行なう定期的な炊き出しも開催されていた。

ホームレスたちからいちばん人気がある、いわば住みたい上野公園地区ランキングトップは、この大噴水の西側のトイレの近くの緑地だった。

トイレの近くに住むと聞くと、うげーと思う人もいると思うが、トイレは用を足すのにも便利なうえ、日常生活で水を汲むのにも便利なのだ。後述する渋谷区の宮下公園でも、公園とのんべい横丁の間にあるトイレが、トイレ兼流し台としてホームレスに愛用されていたし、新宿区の戸山公園でも園内にトイレが多く、それらが24時間使える状態だったことがホームレスを集める一因となっていた[*11]。公園側がホームレスを締め出すため、もしくは占有されるのを予防するために水道管を閉めたり、トイレの鍵を閉めて入れなくしたりすることがあるが、それらの対策はいいか悪いかは別にして、たしかに効果的なのだ。

不忍池のホームレスは人見知り、西郷隆盛像のホームレスは柄が悪い

なお、この頃の上野公園のテント村は、ここだけではない。公園内を歩くと、他の緑地の多くでもテントが張られているのが確認できたし、大噴水の南側に位置する東京文化会

館の前の道にもびっしりとテントや段ボールハウスが並んでいた。段ボールハウスはブルーシートをかけたり、開いた傘を上に並べたりして、ある程度の雨にも耐えられるように工夫して作られていた。

動物園通りを挟んで公園内の南西にある不忍池の緑地にも、いく人ものホームレスが住んでいた。池の西側の緑地となれば、炊き出しが行なわれる場所から遠かったり、トイレも遠くなったりということで不便なのだが、ホームレス人口密度は比較的減るし、一般の歩行者も少ない。そういうこともあって、取材した感じだと、人とあまり積極的に接触したくないホームレスが多く住む場所という印象だった。

そして西郷隆盛像の周りにも、イラン人ではなく、たくさんのホームレスが住んでいた。当時、西郷像のあたりで暮らしていた爺さん（70代）がいた。もともとは鳶職だったが、足が悪くなって引退。行く場所を失ってホームレス生活をしていると語っていた。当時の時点で上野公園在住18年というから驚いた。

「俺は鹿児島出身だから、死ぬ前にもう一度鹿児島に行きたいとも思うけど、もう無理だろうね。たとえ帰っても知り合いひとりもいないしね。でもまあ、西郷さんの足元で死ねるだけよかったとしようかな？」

そう諦観した笑顔で答えてくれたのが印象的だった。

ただ、この場所には、とても柄の悪い人が多かったと記憶している。僕がホームレスに許可を取って話を聞いていると、「誰の許可取って話聞いとるんだ!! まず俺に話を通さんかい」とまくしたてられたこともある。1時間話を聞くのに1万円といったお金を請求されたこともあった。

この西郷隆盛像周りだけではなく、何人か「元ヤクザ」を語る人がいた。本当かどうかはわからないが、多分本当の人もいたと思う。

「覚せい剤で刑務所に入って、出てきたらすでに組がなかった」

そのような話も聞いた。

このような元ヤクザの人たちや腕に覚えがある人がリーダーシップを取って、その周辺のホームレスをまとめて〝島〟を作って仕切る場合も多い。後述する新宿中央公園にも村長のような立場の人がいたし、戸山公園にも明治通りの東にある箱根山地区のほうでは親分肌の人がいた。人は群れるとそういう立場の人が自然発生するものだと思った。

ホームレスのテント村の雰囲気は、一般社会以上に、こういったリーダーの影響を強く受ける。はっきりした上下関係を築くホームレスも少なくなく、体育会系社会でもあるのだ。

上野公園においては、とある元ヤクザを自称するホームレスが、自分の島に住むホームレスから家賃と称して月3000円を回収していた。東京都が管理する公園に住むのに、家賃を元ヤクザのホームレスに払うとはおかしな話だ。

なお、この島同士の仲が悪くなる場合もあった。「あいつら調子に乗って夜まで騒ぎやがってムカつく」「腹が立つから石を投げてやった」などとお互いの文句を言い合い、実際ケンカになることもあった。

ちなみに、テントは張っていないが、上野動物園の正門前には、閉園時間になると段ボールを敷いて寝にくる流動層のホームレスが何十人もいた。

働き者の上野公園のホームレスたち

当時の僕はまだ20代の若者だったが、このテントで暮らす人々の様子を見て、自分もホームレス生活を経験してみたいと思った。それで、どこかに紛れ込もうと思ったのだが、先述の理由からどこにでもテントを建てていいという雰囲気ではなかった。

「テント建てて生活していいですか？」

話しかけやすそうな、くつろいでいる爺さんにそう聞くと、その地域のリーダーを紹介してくれた。元鳶職をしている、身体つきのゴツい人だった。

「若いのにやめろやめろ!!……といいたいとこだけど、行くとこないんだろ？」

そういってニヤッと笑いながら、許可してくれたのだ。おまけに、毛布や菓子パン、漫画などをくれた。ホームレス生活をしながら、他人に優しくできるのはすごいなと思った。

彼は鳶職の仕事の際にケガをして、引退を余儀なくされホームレスになったといっていた。奥さんもホームレスになってしばらく一緒に生活していたらしいが、病気になり現在は入院中ということだった。

許可をもらった僕は、持参の既製品テントを張って寝たのだが、まだ10月なのに夜がとても寒くて驚いた。地面にぐんぐん体温を持っていかれ、身体が低体温になってしまった。後で知ったのだが、地面に直接寝ることはご法度だった。段ボール一枚敷くだけでずいぶん変わった。すのこを敷いたらさらに暖かく過ごせることもホームレスに教えてもらった。

ちなみに、僕はテント村のリーダーに恵まれたようで、家賃を取られないで済んだ。

上野公園のテント村に暮らしてわかったのは、ほとんどのホームレスはよく働いていることだ。ここには近くにある東京のドヤ街・山谷からはじき出されてきた日雇い労働者が多い。テント暮らしをしながらも、日雇いの仕事があれば朝早くに出かけていくのだ。

また、空き缶集め、段ボール集めといった廃品回収をしている人は当時も多かった。リーダーだった鳶職の爺さんも、朝からリヤカーを押して新聞紙や雑誌を集めて、そのまま買い取ってもらっていた。

「朝からグルッと集めて５００円くらいだな。コーヒーとタバコを買っておしまい。まあ散歩と小遣い稼ぎを兼ねてるような感じだな」

笑いながらそういっていた。

上野公園のホームレスが従う「山狩り」とは

初めて取材した時は、上野公園のホームレスしか知らなかったため疑問に思わなかったのだが、他の公園や河川敷のホームレスの住居に比べて、上野公園のそれはずいぶん貧弱だった。

それには理由があった。上野公園に住むホームレスには、ある人たちが来ると建物を撤去しなければならないルールがあるからだ。

そもそも上野公園は１９５０年代から文化・芸術に関する建物が続々と建てられた芸術

色の強い公園だ。そのため、博物館や美術館に皇族や総理大臣が訪れることがある。博物館や美術館で大きな展覧会が開催される秋口は、とくにそれが多い。

その日程が公園の管理者からホームレスに知らされるのは数日から1週間前。テントに公園の職員が退去勧告文を貼りつけていく。すると、その当日・前日に、上野公園に住むホームレスは全員、テントを移さなければならない。早朝にテントを畳んで、荷台や荷車に積み、ガラガラと引いて、公園内の隅っこの目立たないところや、公園の北側にある寛永寺というお寺の敷地にテントの資材を置きに行っていた。

これは、公園の管理者からは「特別清掃」、ホームレスからは「山狩り」と呼ばれていたものだ。万が一、テロが発生してはまずいという警戒からとのことだ。たしかに、公園内のテントにテロリストが紛れ込む可能性はないとはいえない。しかし、朝から全員で移動するのはとても大変そうだった。雨や雪が降った時は悲壮感も増して、みんなびしょびしょになりながら、作業していた。

月2回も山狩りがあったこともあるらしく、そうなると月4回もテントを移動させなければならない。ホームレスも不満に思っていたようだが、山狩りには従っていた。

激減した上野公園のホームレス

なお、２０２０年現在、上野公園では、夜になると園内のベンチで寝袋で寝たり、断熱シートや段ボールを敷いて夜を明かすホームレスはいる。しかし、テントを構えるホームレスはいなくなった。もし新たに上野公園内の緑地にテントを張れば、公園の管理の人と警察によって即刻撤去を求められる状態だ。

上野公園がある台東区の職員からも、「２０１９年現在では、上野公園に滞在するホームレスは十数人ほどしか確認できていない」という話を聞いている。

ここで、東京都の公式な数字も見てみよう。次ページにある棒線グラフは、東京都が発表する台東区全体のホームレス数の推移をもとに作ったものだ。２００３年2月時点では１１０３人確認できたのだが、２０１６年1月以降は１００人を切っており、２０１９年1月で61人しかいない。20年足らずで10分の1以下に減ってしまったのだ。この数字は台東区のものなので、隅田川の西側に位置する隅田公園や上野や浅草の路上にいるホームレスも含まれている。

これについては、ホームレスの支援団体は「明らかに少ない」と指摘するだろう。支援団体の中にはホームレスの数を嵩増しする人たちが少なからずいるが、僕自身も、この東

路上生活者地域別概数調査一覧　台東区

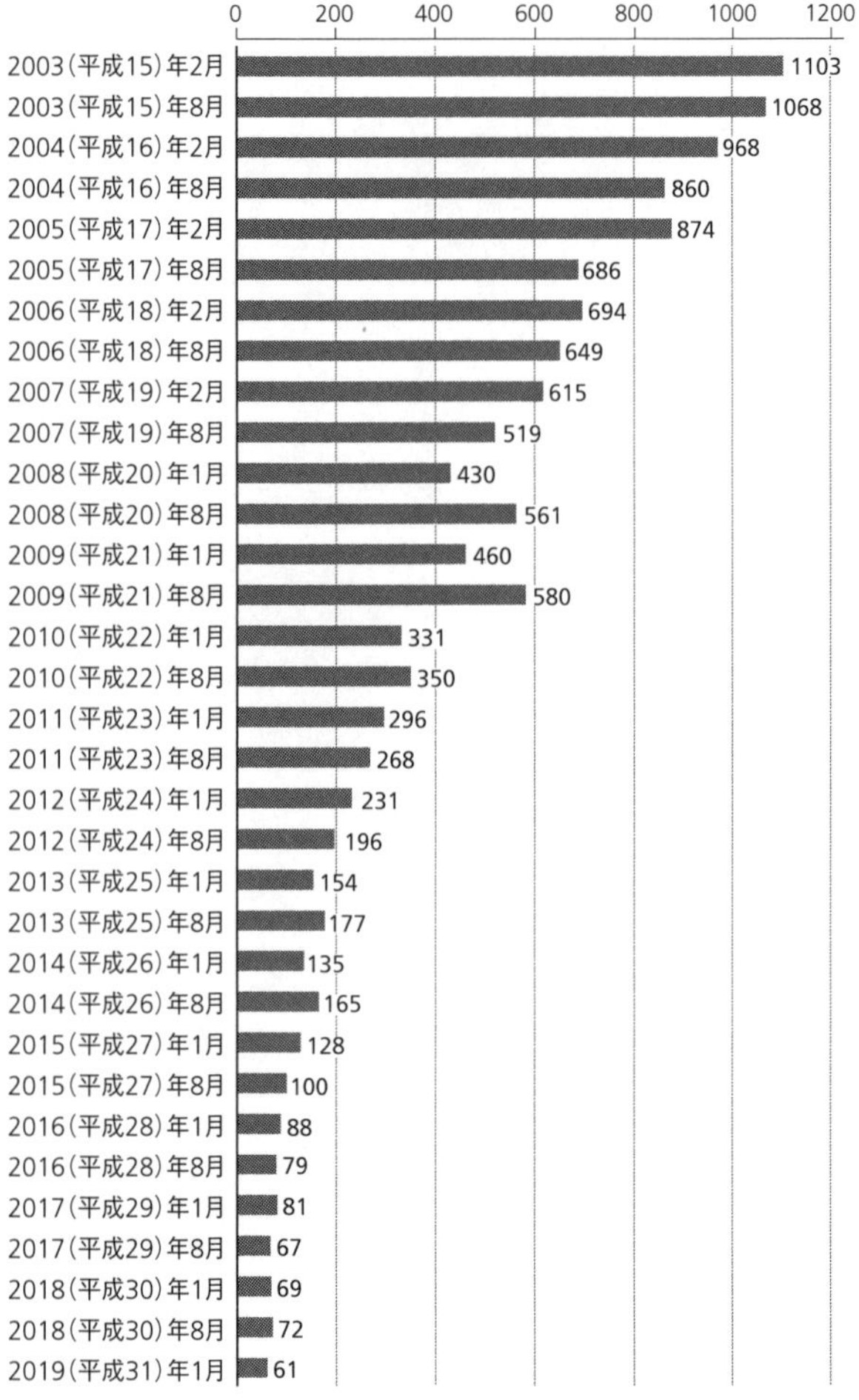

（出典・東京都福祉保健局「路上生活者概数調査」）

京都が発表する数字はあまりに少ないと思う。加えて前出の台東区の職員も、「あくまで昼の時間帯の目視調査であり、夜間（ホームレス）人口はこの数字よりも増えていることは認識している」という。

しかし、それでも、上野公園や隅田公園でホームレスを見かけなくなったのは紛れもない事実だ。

公園の奥地でひっそりと暮らす代々木公園のホームレス

では上野公園と同規模の面積を誇る渋谷区の代々木公園はどうだろうか。

代々木公園は、原宿駅に隣接する公園で、もともとはオリンピックの選手村だった場所だ。園内の緑は多い。各地で路上演奏や路上ダンスが行なわれているなどとても自由度が高く、若者にも人気のスポットだ。

僕が2003年に訪れた時は、園内全体で300を超す小屋やテントが張られていたと記憶している。園内のサイクリングセンターの裏やNHKの裏、原宿門の近く、管理事務所の近くなど、あらゆるところに集落を形成していた。建物は、上野公園のブルーシートテントと比べるとしっかりとした木造の小屋も多く、まるでアジアにあるバラック街のようだった。高台になっている場所は水はけがいいのか、テントを構える際の人気スポットだった。

公園の管理者は、散らばって居を構えるホームレスに特定の場所へ引っ越してもらうといった対策は行なっていたが、さすが自由度の高い公園といったところか、ホームレスの管理も他の公園と比べると寛容だったと思う。ホームレスの中には１９８０年代から住んでいると自称する人もいたが、住みやすさでいえば上野公園以上なのかもしれない。近くで炊き出しも行なわれているうえ、廃品回収をしているホームレスからアルミ缶を買い取る業者が公園の門のところまで週に1回来ていた。ホームレスとして住むには悪くない場所だ。ここも、１９９０年代に入ってからホームレスが急増した。

しかし、２０１５年に訪れて話を聞いた際には、園内のあまり人が出入りしない場所にテントが十数張あった。空き缶を潰す作業をしていた男性（50代）に話を聞いた。

「俺はもう10年以上住んでるよ。もともとは水商売をしてたんだけど、いろいろあって借金作っちゃって首が回らなくなってね。住み始めた頃は２００人くらいが住んでいたけど、今は園内にはここに20人くらいしか住んでいないね。ずいぶん減った」

なお、僕が取材した前年には、代々木公園ではデング熱が発生して大問題になった。デング熱は蚊に刺されることで感染する伝染病だ。公園は一時期立ち入り禁止になり、徹底的な殺虫が行なわれた。その時に、彼らはどうしていたのだろうか？

「公園の管理の人には『できれば移動してほしい』っていわれたけど、俺もみんなも動かなかったね。みんなデング熱に感染するよりも、居場所がなくなるほうが怖いから。たとえデング熱にかかっても、みんな小屋の中でじっとして熱が下がるのを待っていたと思うよ」

そう教えてくれた。なお、同公園には、２０１９年にも、同じ箇所に10張を超えるテントが張られているのを確認している。

ナイキ公園化でクローズアップされた宮下公園のホームレス

なお、渋谷区でホームレスが住む公園といえば、２０１７年3月に渋谷区が供用を停止し、公園周辺に仮囲いをした渋谷区立宮下公園にも触れねばならない。

宮下公園は、ＪＲ渋谷駅と原宿駅の間の線路とその隣を走る明治通りの間にある細長い緑地の多い公園だった。1階部分は駐車場で、線路と同じ高さまでに嵩上げされた2階部分が空中公園となっており、渋谷駅周辺で働く人や渋谷に遊びに来る若者の憩いの場となっていた。

しかし、ここにも１９９０年代以降ホームレスが住みつくようになり、その後ホームレスの取材を始めた僕も、機会があれば取材に訪れて話を聞いている場所だった。ホームレスは2階の公園部分と、公園のすぐ隣で駐輪場となっている渋谷川遊歩道のスペースに小屋を構えていた。50万平方メートルを超える敷地の上野公園や代々木公園に比べて、１万平方メートルを少し超える程度の宮下公園の敷地内では、ホームレスのテントの存在が目立ちすぎていた。２０００年前半に訪れた際には、一般の公園利用客はほとんどいない状況だった。なお、日雇いの手配がある寄せ場が近くにないこの場所に暮らすホームレスの多くは、廃品回収を行ない、生計を立てていた。

そんな中、２００８年5月に「ジャストタイムズ渋谷」という渋谷区政に意見をするローカル紙が宮下公園の命名権をナイキに売却する予定であることをスクープ。新聞各社も後追い報道を始めた。２００９年6月には、渋谷区も、公園の命名権をナイキジャパンに売却するとともに、公園の改修費用の全額をナイキ社の負担とし、有料公園として改修する方針を公表した。

この際、公園に住んでいるホームレスは立ち退きをさせられるということで、宮下公園に住んでいたホームレスの存在がクローズアップされた。なお、区はこれよりも前に宮下公園のホームレスを調査していたため、その排除も視野に入れての計画であることは、容易に想像がつく。

宮下公園で反対運動を展開した活動家とホームレス

その後、自称アーティストが多く参加したという反対運動[12]は、ごく一部で盛り上がりを見せた。しかし、当事者である渋谷区民や公園の近くでお店を営む人、そして一般市民から十分な賛同を得られたとはいえない。反対運動の一環で、「No Nike」「Just Doite（どいて！）」といったポスターが電車通勤客の目につくように貼られるなどしたため、覚えている人もいるかもしれない。命名権売買を区民にオープンせず、しかも、一般競争入札を実施していないうえに、必要な議会の議決を得ないまま売ろうとした〝真犯人〟の渋谷区よりも、公園の建設事業費と命名権料を支払うとしたナイキ社を表向きは責めるという、なんだかなぁと思う面もあった運動だった。結局、「努力も空しく、ナイキ反対派は渋谷区との交渉で優位に立つことはな」（東京在住ジャーナリストＫｅｎｊｉ Ｈａｌｌ[13]）く、２００９年11月から公園改修による公園の閉鎖を経て、２０１０年9月には残っていたテントを撤去すべく行政代執行が実施。改修工事が始まった。２０１１年1月以降、工事や夜間施錠などもあり、宮下公園にホームレスのテントが建てられなくなった。同年4月にリニューアルオープンした宮下公園は、新設したスケート場、クライミングウォール等のおかげで若者で溢れた。ちなみに、年間１７００万円で10年間の命名権を買ったナイキジャパンは、反対運動を受け、お金を出すうえで宮下公園の名称を継続する神対応を見せた。

一方、2階の居住地を奪われたホームレスだが、１階の公園の隣の遊歩道の邪魔にならないスペースでは、多くの自称アーティストが公園から去った後も、したたかに生活し続けていた。しかも、ここは2階で撤去されたテントの「代替地」とされたため、２０１０年以降に小屋・テントの数は増えており、一時は30弱が並んでいた。

この後、渋谷区は２０２０年に開催予定だった東京オリンピック・パラリンピックを視野に入れて、宮下公園の再開発を行なった。２０１７年8月から公園の解体が始まり、２０２０年6月にＭＩＹＡＳＨＩＴＡ　ＰＡＲＫが開園予定だ。これに伴う形で宮下公園は２０１７年3月に急遽抜き打ち閉鎖された。この際、１階部分も囲われたことで、以来、ホームレスの居住建築はない。

ＭＩＹＡＳＨＩＴＡ　ＰＡＲＫには、宿泊施設や商業施設が入る。渋谷区の資料では、

「滞在をうながす工夫」がされるとうたっている。長期滞在していたホームレスが排除された後のコンセプトとしては、なんとも皮肉だ。

こう書くと、宮下公園のホームレスは行政代執行で大幅に減少したように見えるが、事実は異なる。宮下公園の「整備計画」やその資料を紹介するブログ「宮下公園『整備計画』よもやま話」（よもやま話編集委員会）によると、２００４年から２０１１年１月までの宮下公園のホームレス数の推移は次ページのグラフのようになる。２００５年２月には76人ものホームレスが宮下公園で暮らしていた。しかし、２００６年８月に66人いたホームレスが、２００７年２月には26人と大きく減少している。

なお、宮下公園の命名権売却の話が表に出た２００８年５月前後の数字を見ると、同年１月には26人、同年８月には21人と、すでにホームレスはかなり減っている状態だった。

この後、２００９年８月の27人から２０１０年１月の14人に大きく減ったことを経て、渋谷区による行政代執行が実施される直前の２０１０年８月にはすでにホームレスは４人しか確認されていなかった。

前者の２００６年から２００７年にかけての40人という大幅な減少については本章でこの後に触れるが、後者の２００９年から２０１０年にかけての13人の減少は、先に触れた

宮下公園、渋谷側緑道の路上生活者概数

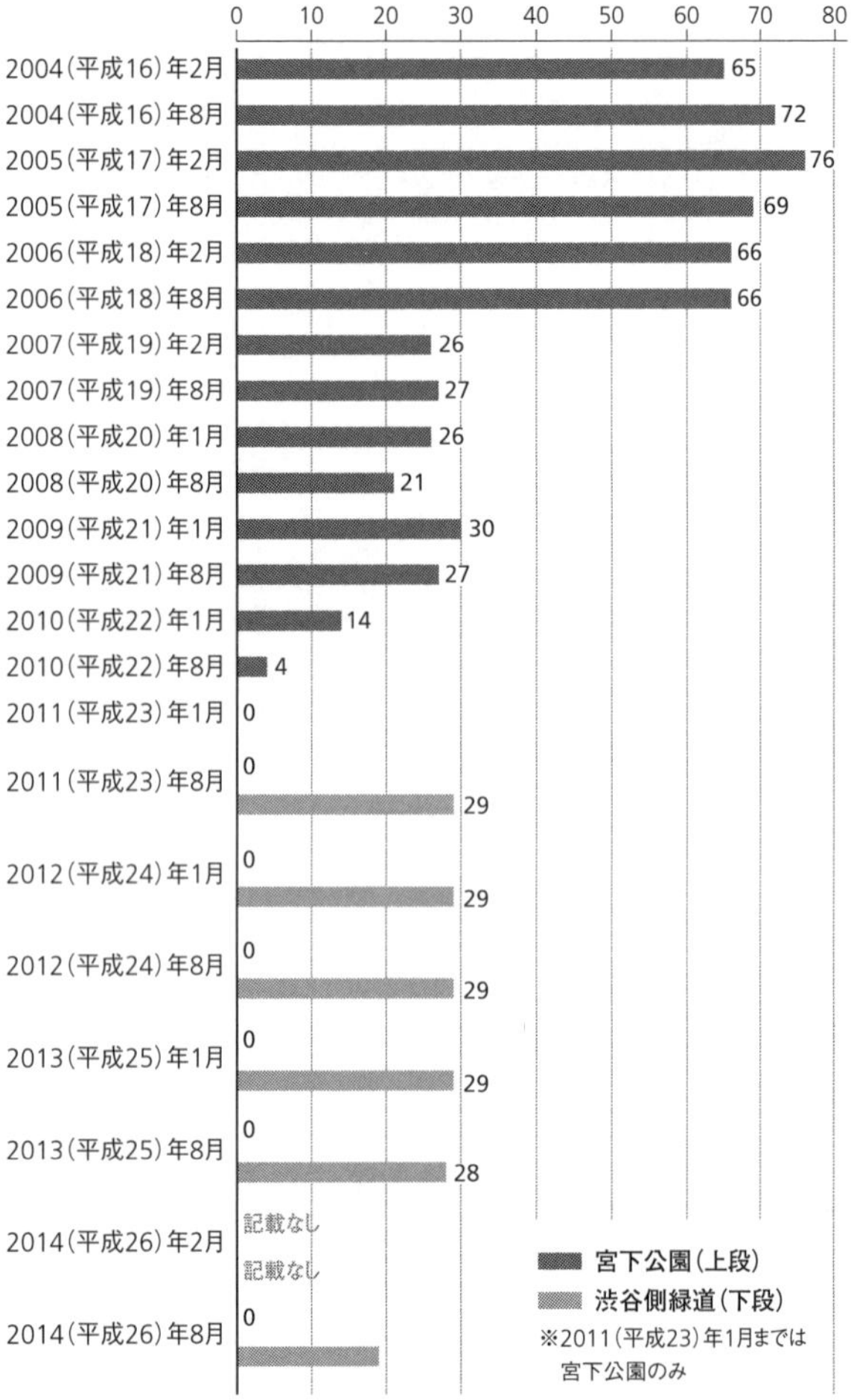

(出典・ブログ「宮下公園『整備計画』よもやま話」〔よもやま話編集委員会〕)

代替地への移動からだろうと件のブログも指摘している。ホームレスの多くは生活者であり、活動家ではない。撤去が決まれば、自主的に移動するホームレスも少なくない。活動家は好戦的であっても、ホームレスは好戦的ではない場合も多い。ここは切り離して考えるべきだろう。

ではこの減ってきたホームレスが近くの区内の公園に移動したかといえば、そうではない。次ページにあるグラフは、先に挙げた台東区同様、東京都が発表する渋谷区全体のホームレス数の推移をもとに作ったものだ。2005年8月には615人のホームレスが確認できたが、2019年1月現在、その数は10分の1ほどに減ってしまい、62人しかいない。

やはり台東区と同様、渋谷区も急激にホームレスは減っているのだ。

日雇い労働者の街としても有名だった高田馬場

では残りの新宿区にある戸山公園と新宿中央公園を見ていこう。

新宿区にある戸山公園は、高田馬場駅からしばらく歩いた場所にある公園だ。高田馬場周辺は、一般的には早稲田大学をはじめ学校がたくさんあり、学生街として知られている。

路上生活者地域別概数調査一覧　渋谷区

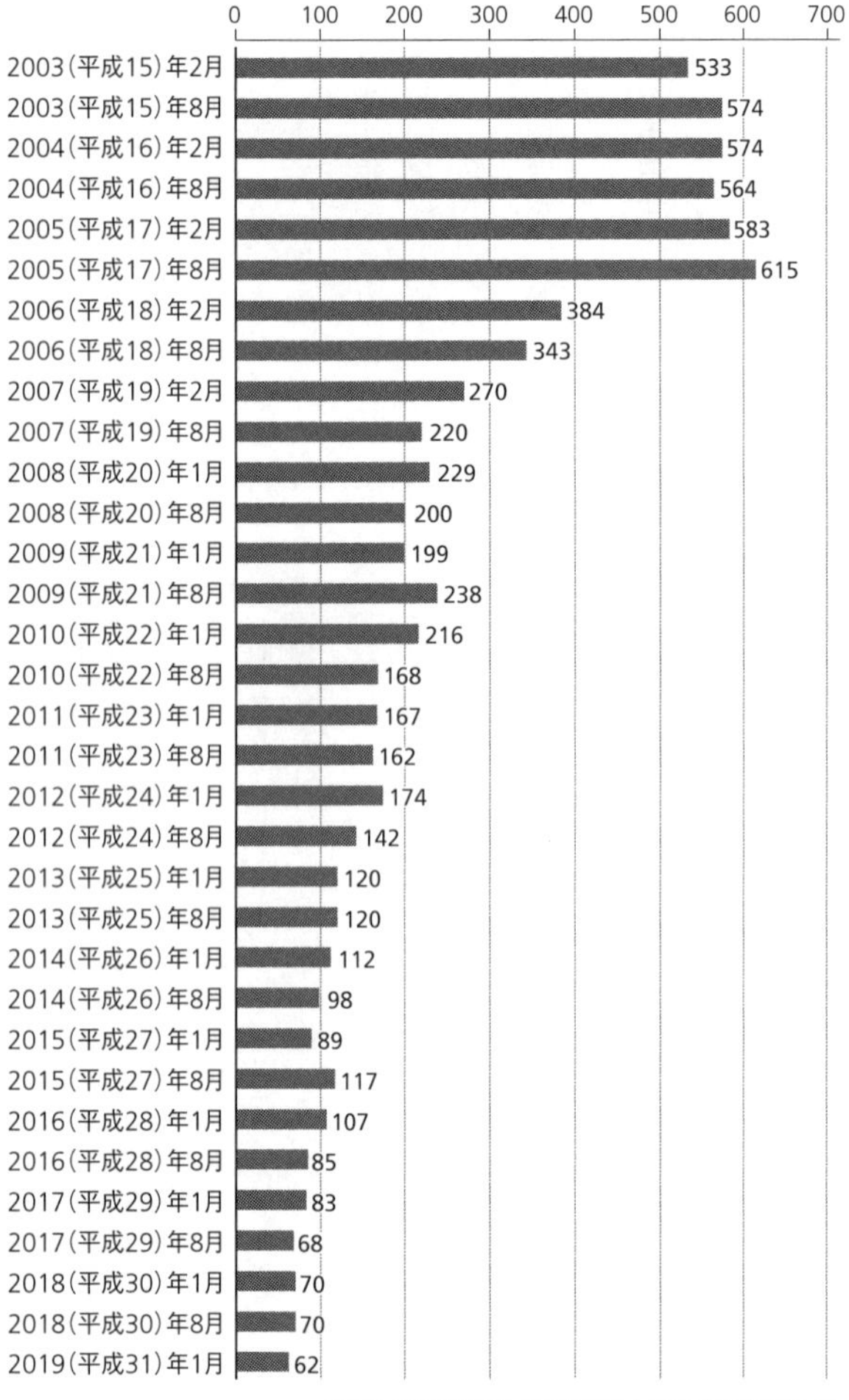

(出典・東京都福祉保健局「路上生活者概数調査」)

しかし、一部では日雇い労働者の寄せ場としても有名な街だ。このすぐ近くの西戸山公園に隣接する形で、日雇い労働者向けの職安である高田馬場労働出張所があった。そこは、東京でいえばドヤ街の山谷と並んで労働条件（賃金や安全面）が悪くないところとして有名だったが、２００７年3月に廃止となった。労働出張所が閉鎖された後も、しばらくは高田馬場駅では早朝に日雇い労働者を雇う手配師と労働者をポツポツ見かけた。新宿駅西口、名古屋の笹島、神戸の新開地、広島など、かつてのドヤ街が解体された同じ地域でその後も就労・斡旋が行なわれるが、高田馬場も同じ構図だった。

こういった事情から、多くの労働者が戸山公園に住んでいた。なお、寄せ場がある区立西戸山公園ではなく都立戸山公園に住むのは、西戸山公園は区の管理が厳しく、戸山公園は都の管理が甘かったためだ。

２００４年に取材で訪れた頃は、公園の至るところにテントが張られていた。東京都建設局の公園緑地部適正化推進担当課長（当時）がその後発表した論文[*14]によれば、この頃には明治通りの西側の大久保地区で１２１張、東側の箱根山地区で30張あったという。朝の3時から5時という始発電車も動き出す前に寄せ場に向かう人がいる一方で、日中に日雇いや廃品回収に行かず、芝生やベンチでくつろぎ時間を潰す人もいた。暇を潰していた沖縄出身の60代のホームレスに話を聞いたところ、もともとは日雇い労働を寄せ場や高田馬場の駅手配で請け負っていたが、仕事がなくなり、しばらく戸山公園で暮らしているということだった。

「子どもの時に、父親が荒く、酔っては包丁を持って追いかけられた。そのたびに、逃げ、野宿していたので、外で寝るのは耐えられる」

そういっていたのを覚えている。

しかし、その後、戸山公園の管理も厳しくなったうえ、公園の鬱蒼と茂る木や目隠しとなる壁の撤去工事などが行なわれ、ホームレスは減少していった。２０２０年現在、戸山公園で労働者風の男性は時折見かけることはあるが、テントはひとつも建っていない。最寄り駅の高田馬場でも、手配師も労働者も一切見かけなくなった。

なお、戸山公園や上野公園もそうだが、小屋やテントを撤去し公園を去った後も、手配師に声をかけてもらったり当時を懐かしんだり、ホームレス仲間を探したりするために、以前住んでいた公園を度々訪れるホームレスや元ホームレスはけっこういる。ホームレスだろうなと思って話しかけるとたまに外れることもあるのだが（「俺はホームレスじゃないよ」といわれた時の気まずさったらない。平身低頭謝るしかない）、まったくのハズレではなく、もともとホームレスで、遊びに来ていたという人が多かった。ホームレス生活を経て、福祉アパートに移り住み、生活保護をもらって生活している人たちだ。家にいても、テレビを見るか、本を読むくらいしかすることがなく、孤独に耐えられなかったり、暇だったりする時は勝手知ったる公園や河川敷に戻ってくるのだ。

ホームレス生活はとても過酷だが、それと同じくらい孤独な老人がアパートでひとりで生活するのはつらい場合もあるのだろう。

新宿中央公園のホームレスがゼロになった年

新宿中央公園は、東京都庁の西側に隣接する新宿区が管理する公園だ。都庁は当然要所だが、その足元にとても大勢のホームレスが住んでいる時期があった。１９９０年代半ばから２０００年代半ばにかけてである。先述した新宿駅西口地下の段ボール村が解体された後に30人ほどのホームレスがこの公園に移っていったという[*15]。

僕が取材で訪れた２０００年代前半は、緑地部分のほとんどに立派な小屋が建てられて、スラム街のような雰囲気になっていた。ホームレスのテント村になっている公園が、とりたてて治安が悪くなるわけではないのだが、半裸で寝る人やガシャンガシャンと公園内で空き缶潰しをする人はいて、独特な雰囲気だった。そもそも想定されていた、一般市民がくつろぐ公園という雰囲気は一切なくなっていた。

そんな新宿中央公園だが、２０２０年現在は、労働者風の男性も見かけない。公園近くのガード下にホームレスが数人いるが、公園は完全に健全化してしまった。

次ページにあるグラフは、新宿区が発表する戸山公園と新宿中央公園のそれぞれのホームレスの推移だ。どちらも２００４年から２００５年にかけて大きく減少しており、その後増減を繰り返しながらも、数は大幅に減少している。新宿中央公園に至っては、２０１５年8月の時点でゼロとなってしまった。なお２０１４年から２０１５年にかけて新宿中央公園のホームレスの数が一気に減ったのは、２０１４年3月にホームレス支援団体が20年来この公園で行なってきた炊き出しを終了したことも影響しているだろう。

２１４ページにあるグラフは、台東区、渋谷区同様に、東京都が発表する新宿区全体のホームレス数の推移をもとに作ったものだ。２００４年8月には１１０２人を数えたホームレスが、２０１９年1月現在には、１１７人しかいない。台東区や渋谷区よりは多く、3桁いるがやはり10分の1ほどに減っている。

戸山公園、新宿中央公園の路上生活者概数

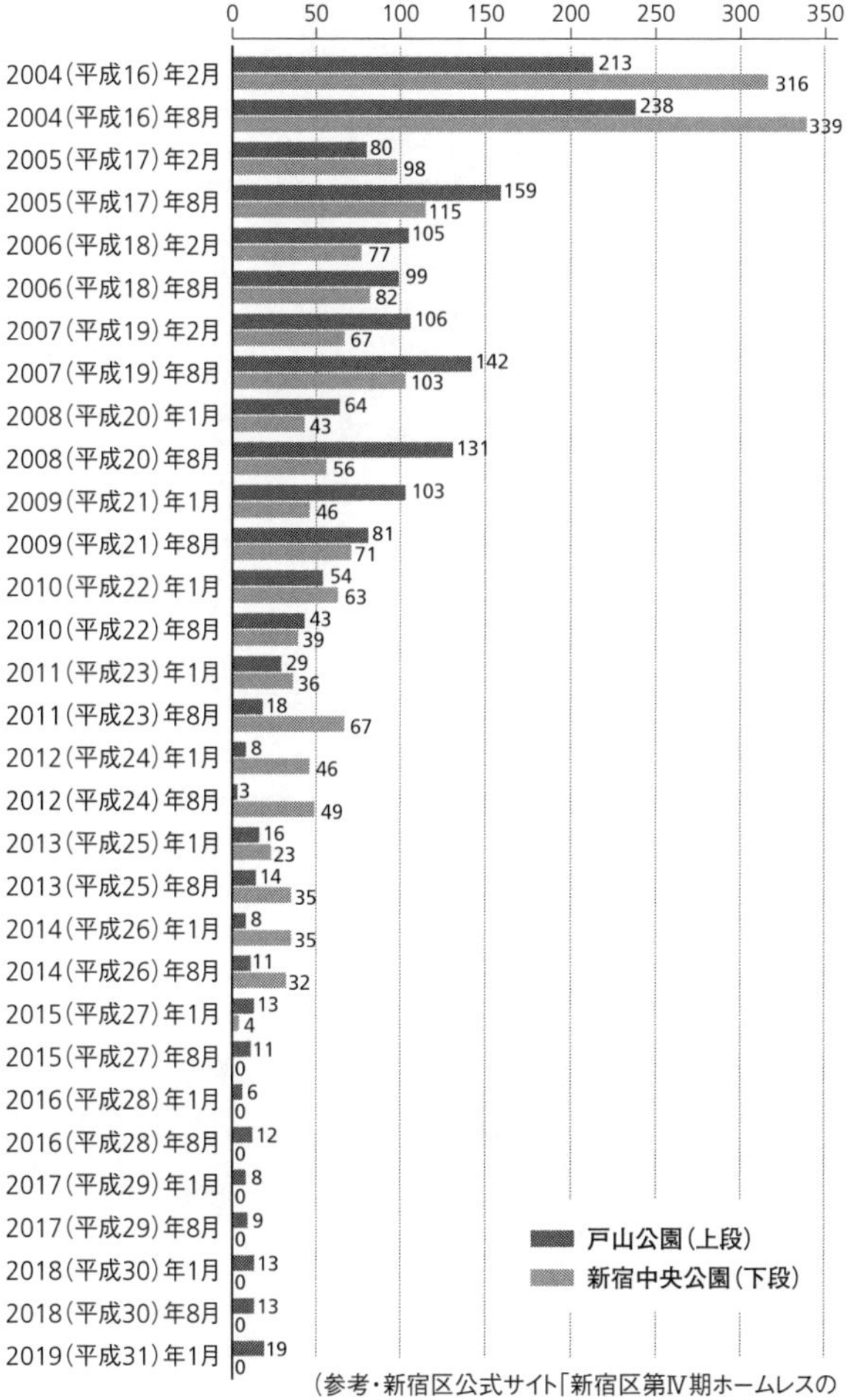

(参考・新宿区公式サイト「新宿区第Ⅳ期ホームレスの自立支援等に関する推進計画(素案)」)

路上生活者地域別概数調査一覧　新宿区

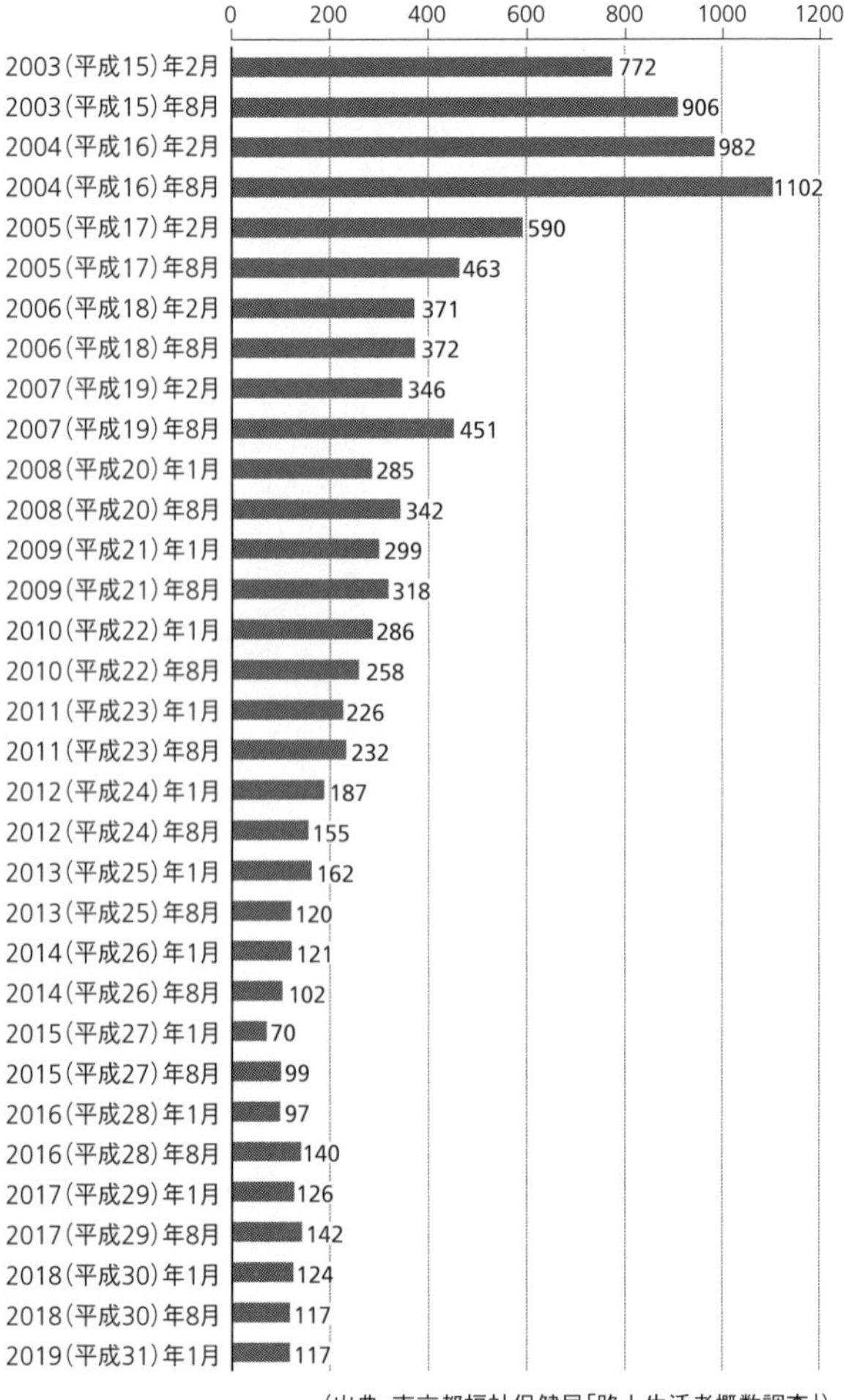

(出典・東京都福祉保健局「路上生活者概数調査」)

以上、ここまで、２０１９年1月時点で東京23区内の、ホームレスが多く住む上位３区（台東区61人、渋谷区62人、新宿区１１７人）を代表する公園を見てきたが、どこも軒並みホームレスの数は減少していた。

上野公園、代々木公園、戸山公園は、東京都が管理する都立公園の一部だ。その公園のホームレス数も発表されているのだが、２００３年8月に１５９８人いたが、２０１９年1月現在では１２３人しか確認されていない。今挙げた3つの公園以外にも、以前に一定数のホームレスがねぐらとして利用していた日比谷公園等も含めて１２３人なのだ。

つまり、東京の公園については、東京オリンピック・パラリンピック開催が決まるよりも前に、ほぼ〝浄化〟されていたといっても過言ではない。

「ホームレスは皆やりたくてやっていた」のか？

なぜ都内の公園は浄化されたのか。

これは、２００４年度から２００９年度までに、東京都がホームレスが多い特定の公園・地域を対象に行なった「ホームレス地域生活移行支援事業」（通称・３０００円アパート事業）が大きく影響しているだろう。

この事業は、特定の公園・地域に住むホームレスに、旧来の自立支援センターを経ることなく、借り上げた住居（民間の空き家や都営住宅）を2年間、月3000円の家賃で提供し、自立した生活に向けて就労機会の確保や生活相談等の支援を行なったものだ。就労については、ハローワーク経由の常用雇用を義務づけられることもなく、さらに東京都は施設の清掃などの臨時就労まで提供した。

なお、これはホームレス脱却のためだけの政策ではない。ホームレスが不法占拠している公園の本来の機能を回復することをうたった事業でもあった。住んでいるホームレスを原則強制退去はさせないものの、新たにホームレスがその公園や地域にテントを建てることは厳しく禁止した。

2004年度・2005年度の初期事業では、先述した新宿区にある区立新宿中央公園と都立戸山公園、渋谷区にある都立代々木公園、台東区にある都立上野公園の4公園が、台東区と墨田区にまたがる区立隅田公園とともに対象となった。初期事業では、該当公園のテント生活者1773人のうち67・1％に当たる1190人が借り上げアパートに移行し、公園から去ったのだ。

2006年度・2007年度の第二期事業では、先述した渋谷区にある区立宮下公園が、複数区にまたがる隅田川流域、江東区にある区立竪川河川敷公園、中野区にある区立紅葉山公園等とともに選ばれ、こちらでは７５５人のホームレスが借り上げアパートに移行した[*16]。

つまり、この事業で計１９４５人のホームレスが公園等から消えてアパートに入居したのである。しかも、事業終了時には、入居した人の８割を超える１６２６人の人々が一般の賃貸住宅等において地域生活を継続することになるという結果を導いた。事業開始当初は、「ホームレスは皆やりたくてやっているんだから路上にすぐ戻るだろう」「ホームレスにアパート生活などできるわけがない」といった批判の声も上がったが、一部ではそうなった人もいたものの、概ね的外れに終わった。

ここで、再度、それぞれの区のホームレス数の推移を見ていこう。

新宿区は２００４年８月には１１０２人のホームレスを抱えていたが、地域生活移行支援事業が２公園で実施された後の２００５年２月には５９０人にまで減少した。

渋谷区においては、２００５年８月には６１５人のホームレスがいたが、同事業が代々木公園で実施された後の２００６年２月には３８４人にまで減っている。

台東区においては、地域生活移行支援事業が上野公園（２００５年９月から２００６年

2月）や隅田公園（２００５年2月から２００５年5月）のほかにも隅田川河川敷で実施された後の数字は他区と比べて著しく減っていなかった。「同区のホームレスにはこの事業の対象に入りやすい定住型ホームレスではなく寝る場所を移す移動型ホームレスが多かったことも関係しているのではないか」（自治体のホームレス対策担当者）ということだが、上野公園についていえば、期間内に３０１人のホームレスが公園を去ってアパートに入っており、やはり同事業の効果があったというのが適切だろう。[*17]

うまくいっていなかったホームレス自立支援システム

なおホームレスの支援としては、東京でいえば、２０００年から始まったホームレス自立支援システムが有名だろう。これは、自立支援センターという施設に入居し、心身を整えてから、ライフプランを立てて施設内で集団生活を送りながら就労を図ることを支援する事業だ。先ほどの地域生活移行支援事業よりも就労にスポットを当てた政策といえる。

しかし、この政策が当初うまくいったかといえば、微妙だった。

第1章でも触れたが、現代のホームレスは、アルミ缶回収という法律的にグレーな都市雑業的就労についていることが多い。それにより一定の収入を得ているが、その収入は月額10万円には遠く及ばないため、アパートの家賃を継続的に支払えるほどではない。

ただ、公園でテント生活をして家賃を浮かせば、炊き出し等の支援を受け、あとはお小遣い程度のその収入でなんとか生活できてしまう。その人たちに、「就労するために、施設に入らないか？」とアプローチしても、「今のままでなんとか暮らしているから」と断られてしまうことが多かった。

施設に入ることとは、集団で暮らすことを指す。室内では飲酒・タバコも禁止で、お風呂も決まったスケジュールで入ることが求められる。それまで、自分の裁量で生活していた中高年ホームレスにとっては、管理されると感じられ、ストレスがかかる政策だったわけだ。実際、自立支援の6ヵ月間の前に、施設から逃げ出してしまうホームレスも少なくなかった（施設から逃げ出した話は取材でも度々聞く）。第1章でも触れたが、ホームレスは、高齢であることに加えて、精神的疾患、アルコール依存症など、様々なハンディキャップを抱えているケースも少なくない。短期間、寮のような場所に入れて、職業訓練したからといって簡単に仕事が見つかるわけでもないのだ。

ホームレス自立支援システムの事業を開始した当初の数字を見ても、効果が出たか疑問だ。東京23区のホームレス数は、自立支援システムが開始された2000年8月には56

７７人だった。以降、２００１年８月５６１３人、２００２年８月５５８５人、２００３年８月５４９６人、２００４年８月５４９７人とほぼ横ばいだった。

一方、ホームレス地域生活移行支援事業で公園や隅田川流域にテントを構えていたホームレスがアパート入居を始めてからの同推移を見ると、２００５年８月４２６３人、２００６年８月３６７０人、２００７年８月３１７６人、２００８年８月２６４５人と減っている。２００４年の５４９７人から、半減しているのだ。

この時期には、以前であればまず通らなかった単身男性のホームレスによる生活保護の申請が通りやすくなったこともこの減少に関係しているだろう。ただ、それを引いても、ホームレス地域生活移行支援事業は、旧来の自立支援システムに比べてホームレス対策として高い効果をあげたのだ。

ホームレスを支援する団体からも、この対策は概ね評価が高い。ホームレス支援をするＮＰＯ法人自立生活サポートセンター・もやいの理事長の大西連も「こういった支援の質を高めていくアプローチによって、彼ら・彼女らを追い出すのではなく、地域のなかで共に生活していく道を模索していくことができるのではないでしょうか[*18]」とこの事業を評価している。

ただ、この事業はあくまで東京都により「試行的」に行なわれたもので、その後は３０００円アパート事業は継続されなかった。やはり、都や公園のあった区としては、「見た目問題」もあって公園からホームレスを排除したかったというのが本音かもしれない。

東京オリンピックとホームレス

２０２１年、新型コロナウイルスの世界的感染拡大で延期された東京オリンピック・パラリンピックが開かれる予定だ。

ホームレスに話を聞いていると、よく出てきた単語のひとつがこの「東京オリンピック」だった。ただ、１９６４年の東京オリンピックのことだ。

「いやあ、東京オリンピックの時がいちばん景気がよかったね。仕事はいっぱいあったし、賃金も高かった。それ以降はずっとダメだ」

そう語る高齢者ホームレスが多かった。

僕は１９７２年生まれなので、東京オリンピックの空気はまったく知らない。だから、１９８０年代のバブル景気の時のほうが景気はよかったんじゃないかと思ってしまうのだが、「バブル景気の時は、今よりはよかったけど、あんまり日雇い労働者には関係なかったね。東京オリンピックの時は、大きな箱（体育館などを指す）だけじゃなくて、土手の整備とか、道路の整備だとか、とにかくいっぱい仕事があったんだ」とのことだった。

たしかに開催が決定した１９５９年以降、建設ラッシュだった。東京では競技施設やホテル、東京をはじめ国内では首都高速道路、東京モノレール羽田空港線、東海道新幹線などの交通網の整備が進んだのだ。

一方、オリンピック前には野宿生活者や不法占拠している人に対して、立ち退きや排除の圧力がかかった。オリンピック時に海外から来る外国人を意識し、不衛生な環境を恥じ、「首都美化運動」が展開された。当時の東京の総人口は１９５９年時点で約９０８万人[*19]だったが、道路や河川はゴミや汚物で溢れており、公共の場を汚さないという意識が共有されていなかった。壊れた公衆トイレは「浮浪者の住居と化したものもある[*20]」状況だったという。

１９５９年7月14日付の朝日新聞によれば、浮浪者の総数は警視庁の調べでは、１９５８年時の春で４１８０人。その中には「都有地などに木切れやトタンなどを集めて小屋を作り、集団で住みつ」く人や「はいかい浮浪者」もいる状況で、とりわけ後楽園に接近する「都公園緑地部などの所有地に住みついている約３３０人の〝住民〟たち」には勝手に違法建築を法務局に申請して登記してしまう人もいたらしく、問題になっていたという。これに対して「警視庁では『オリンピックまでに住宅問題にからむ浮浪者対策をスッキリすべきだ』との意見が強く出てい」たようだ（カギカッコは記事引用部分）。

１９６４年３月16日付の朝日新聞では、その前の１９６０年にローマで行なわれたオリンピックで、「物乞いといかがわしい女性を市内から隔離したことを紹介し、オリンピック開催時には近県から推定５００人の物乞い、浮浪者が東京に集まってくる」ということで、「施設への強制収容も考えるべき」だと主張している。[*21]

これは、本章で触れた１９９０年代に起こった新宿駅西口地下街からの立ち退き問題と構図が似ている。オリンピックが行なわれる近代的な国家に、ホームレスなどがいては見栄えがよくないということだ。

そして、前の大会から半世紀経った２０２１年、２回目の東京オリンピックが開催される予定だ。これを受け、僕のもとにも、ジャーナリストやライターから電話があり、「東京オリンピック・パラリンピックが行なわれることによって、ホームレスが排除されるのではないか？」という質問を複数の人からされた。

もちろん、まったく排除がないわけではないだろう。実際、渋谷の宮下公園に隣接のホームレス村に住んでいた人は、オリンピック・パラリンピック前の開園を目指すＭＩＹＡＳＨＩＴＡ　ＰＡＲＫ設立のために立ち退きに遭った。現在、高速道路の高架下等にひっそり住んでいる少数のホームレスが、期間中は個別に立ち退きを迫られることもあるだろう。

　加えて、東京都は、２０２４年度までに、ホームレスをゼロにするという長期ビジョンを掲げている。自立の意思を持つすべてのホームレスが地域生活へ移行するという目標のもと、今後も政策実施していくようだ。

　しかし、ここまで書いてきた通り、２０２０年現在、東京の都心部で立ち退きをしなければならないほど大きなホームレス集落はすでに見当たらない。ホームレスは、東京オリンピック・パラリンピック開催が決まった２０１３年時点で、もうすでに一掃されていたともいえる。

　２０１９年1月1日現在で東京都には１３８５万７４４３人がいる。一方、減少の一途をたどるホームレスは、同年1月現在、東京都には１１２６人しかいない。東京の人口に対して、わずか０・０１％以下。まさに〝絶滅危惧種〟といえる。

ホームレスが希望を目指しエクソダスする河川敷

絶滅寸前のホームレス。実際、駅や公園を訪れても見かけなくなったホームレスたちだが、彼らが存在しないかといえばそうではない。

では、彼らはどこに身を潜めているのだろうか？

ひとつは調査員も気づかない場所で生活しているということだ。

僕は以前、ホームレスが健康的に過ごしているかどうか、一人ひとり見て回る「夜回り」といわれる運動に同行取材させてもらったことがある。その時気づいたのは、街中でもまったく目につかない場所に生活しているホームレスが意外に多いということだった。

たとえば、お城のお堀の橋の下のわずか50センチくらいの溝に寝ているホームレスがいたことには驚いた。寝返りを打ったら、そのままお堀に落ちてしまう危険な場所である。しかし、こういった都市でありながらも、一般の人には見えない〝隙間〟で生活しているホームレスは少なくなかった。

ちなみに、そのような見えない場所で生活している理由を尋ねると、多くが通行人からの暴力を避けるためと答えた。彼らにとっては、一般人から暴力を受ける危険性のほうがお堀に落ちてしまう危険性よりも高いということだ。なんとも、嫌な話である。

そしてもうひとつは、調査員は気づいているが、一般の人はまったく見ることがない場所で生活しているということだ。

それが最終章で詳しく触れる、河川敷に住むホームレスである。

東京都には2019年1月現在で1126人のホームレスがいることに触れたが、そのうちの514人は国が管理する河川敷に住んでいるのだ。約半数ほどが、河川敷ホームレスということだ。

僕は前章で、大阪のホームレス対策が厳しくなっていく背景に触れ、ホームレスの「西高東低」という状況は崩れていく可能性があることを指摘した。この論を本章を受けてさらに推し進めるならば、街中を追われたホームレスは、この河川敷に希望を見出し、エクソダス（大量出国）していくのではないかと思っている。

野宿生活を続けたいと思う人は確実に一定数いる。ホームレスが爆発的に増加する前にも野宿生活をする人はいたし、激減した後にも野宿生活をする人はいる。社会の枠組みから外れて生きたいと思う人はいるのだ。

そして、僕の取材結果からいえば、そういう思考のホームレスの多くは、人が多く訪れる公園や道路、駅宿舎ではなく、ほとんどの人が訪れることがない河川敷で生活している。

では、そんな我々が訪れもしない河川敷で、ホームレスはどのように暮らしているのか。

それを最終章で明らかにしていく。

（注）

＊1―『新宿区史　区成立五〇周年記念』（新宿区編　1998年）第2巻　385頁

＊2―『ホームレス／現代社会／福祉国家』（岩田正美　明石書店　2000年）25頁

＊3―『新宿ホームレス奮闘記：立ち退けど消え去らず』（笠井和明　現代企画室　1999年）22頁

＊4―『新宿ホームレス奮闘記：立ち退けど消え去らず』（笠井和明　現代企画室　1999年）26～27頁

＊5―『不埒な希望：ホームレス／寄せ場をめぐる社会学』（狩谷あゆみ編　松籟社　2006年）70頁

＊6―「週刊新潮」1996年7月25日号

＊7―『ホームレス／現代社会／福祉国家』（岩田正美　明石書店　2000年）44～45頁

＊8―『文学研究論集』（明治大学大学院文学研究科編　2006年度）収録の「新聞記事が描く戦後上野公園」（西山弘泰）

＊9―『高齢路上生活者』（ふるさとの会編著　東峰書房　1997年）の巻末資料10の「路上生活者数調査」

＊10―『ホームレス／現代社会／福祉国家』（岩田正美　明石書店）45頁

＊11―『日本建築学会計画系論文集』第517号（日本建築学会　1999年3月）収録の「ホームレスによる公園占用の実態とそのメカニズムに関する研究　都立戸山公園のホームレスを事例に」（杉友ジョージ、後藤

春彦）

＊12―「ＡＦＰ通信」２０１０年5月15日配信（https://www.afpbb.com/articles/-/2726421）

＊13―「ＣＮＮトラベル」２０１０年5月20日配信（http://travel.cnn.com/tokyo/play/522401/）

＊14―『都市公園』（公益財団法人東京都公園協会　２００５年9月号）収録の「戸山公園におけるホームレス対策について―福祉との連携と成果―」（星野宏充）

＊15―稲葉剛公式サイト「新宿ダンボール村の歴史」（http://inabatsuyoshi.net/2013/04/01/185）

＊16―『都市計画論文集』（日本都市計画学会編　２００９年）収録の「路上生活者支援と住宅施策におけるハウジング・ファーストの導入に向けて――東京都区内における路上生活者の地域生活移行支援事業を事例として」（窪田亜矢）

＊17―『都市住宅学』（都市住宅学会編集委員会編　２００６年）収録の「東京上野周辺の路上生活者の実態調査―都の住宅支援策に関連して」（義平真心、西村幸夫）（https://www.jstage.jst.go.jp/article/uhs1993/2006/55/2006_88/_pdf）

＊18―『ＢＬＯＧＯＳ』掲載の「【渋谷区長選】ホームレス排除について考える」（大西連　２０１５年4月20日配信）（https://blogos.com/outline/110489/）

＊19―東京都の統計「総人口の地域別人口の推移（昭和31～平成31年）」（http://www.toukei.metro.tokyo.jp/jugoki/2018/ju18qf0001.pdf）

＊20―『東京都公文書館調査研究年報』第四号（東京都公文書館　２０１８年3月）収録の「東京都における「街をきれいにする運動」（昭和29年）に関する基礎的考察」（小野美里）（http://www.soumu.metro.tokyo.jp/01soumu/archives/0609r_report04_01.pdf）の孫引き『都政人』（１９５４年5月号　都政人協会）収録

の「街を美しくしよう」38頁

＊21―『江戸川大学紀要』第28号（江戸川大学　２０１８年）収録の「東京オリンピックと日本人のアイデンティティー　１９６４年東京大会と首都美化運動、マナーキャンペーン」（斗鬼正一）の孫引き

第5章

ホームレスが逃げ込む終着点

河川敷に住むホームレスとは？

近年、僕が東京に住むホームレスの取材に行く先は、もっぱら河川敷が多い。理由は単純で、河川敷にはホームレスがまだたくさん住んでいるからだ。

僕が取材を始めた2000年前後は、彼らの多くが都市部の大きな公園に住んでいた。そのため、2000年前半は都市部の公園を中心に取材をしていた。東京の上野公園や代々木公園には、数百人という中学校1校分の生徒数に匹敵するほどの、話を聞き切れないホームレスが生活していた。それと同時に、高速道路の高架下や繁華街に近い駅周辺にも、そこかしこにホームレスが点在して暮らしていた。

しかし、第4章で指摘した通り、東京都では、行政の対策により、街中のホームレスはめっきりいなくなった。

一方、河川敷に行くと2020年現在も、多くのホームレスが暮らしている姿が見られる。

次ページにあるグラフは、東京都福祉保健局が発表する数字をもとに計算して出した結果だ。東京に住むホームレスのうち、公園（都・区・市管理）に住むホームレスは201

場所別　東京のホームレス数

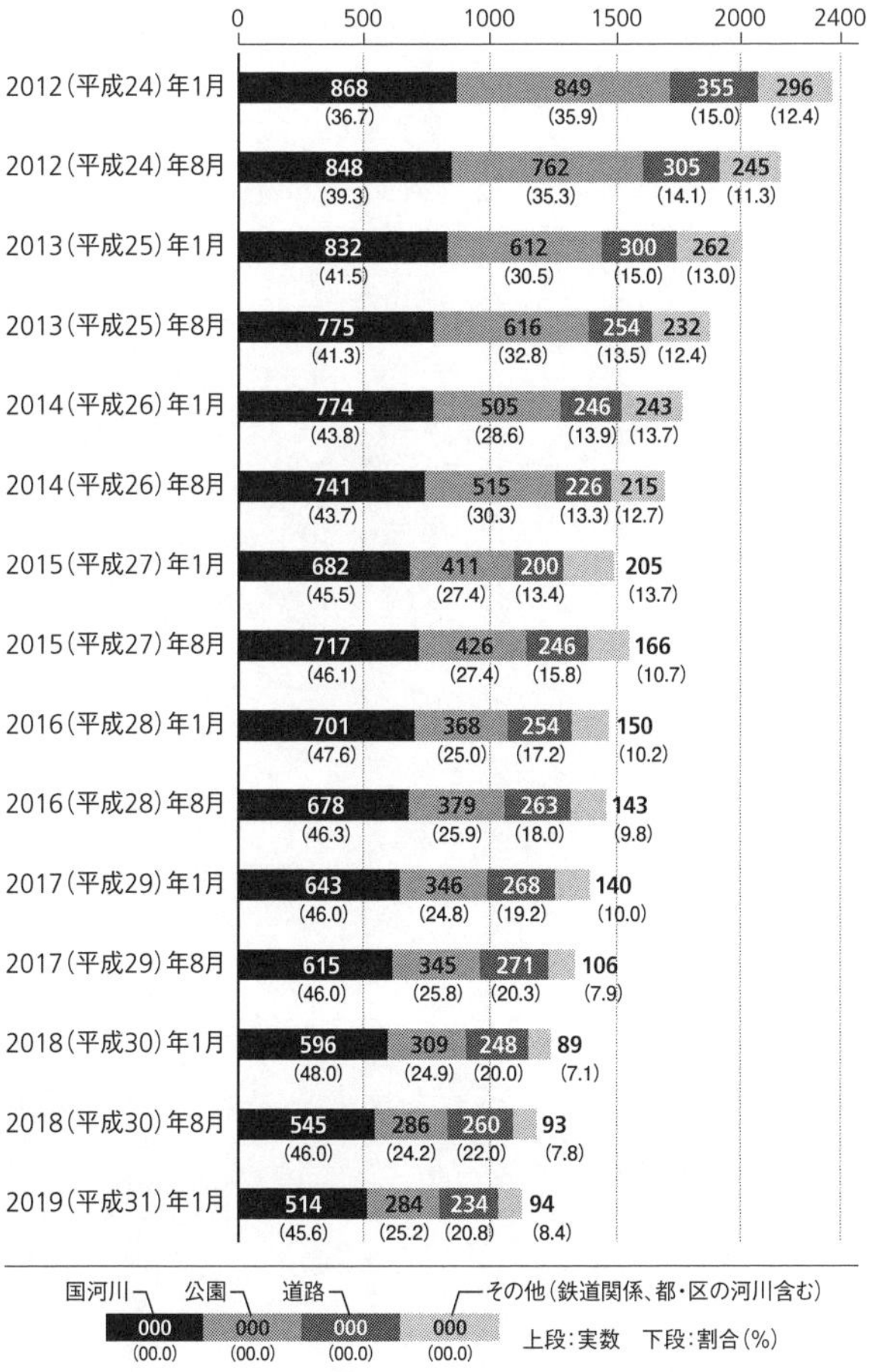

参考:http://www.fukushihoken.metro.tokyo.jp/seikatsu/rojo/gaisuchosa.files/H28.1.pdf
http://www.fukushihoken.metro.tokyo.jp/seikatsu/rojo/gaisuchosa.files/H30.8.pdf
http://www.fukushihoken.metro.tokyo.jp/seikatsu/rojo/gaisuchosa.files/H31.1.pdf

２年１月時点ではまだ35・９%を占めていた。しかし、２０１９年１月時点では25・２%となっている。

一方、河川敷（国管理のみ）に住むホームレスは、２０１２年１月時点では36・７%を占めていたが、その後２０１３年１月以降は40%以上を占めており、２０１９年１月時点では45・６%となっている。

つまり、東京に住むホームレスの半数ほどは、繁華街から少し離れた河川敷という自然のあるところに住んでいる状況なのだ。このため、ただでさえ少なくなった東京のホームレスは、多くの人に見えなくなっているといえる。

では、河川敷に住むホームレスはどのような人たちでどういう生活をしているのか。厚生労働省が発表している２０１６年10月に行なわれた「ホームレスの実態に関する全国調査」の分析結果を見ていきたい。

３ヵ月未満の初心者ホームレスの多くは公園で寝ているが、３ヵ月から６ヵ月になると駅舎の割合が高くなっていき、１年から５年未満だと道路の割合が高くなってくることが指摘されている。そして、５年以上になると、河川敷の割合は一気に増え、10年以上暮らしているとなると、河川敷が33・４%と、公園の32・９%を上回ってトップに躍り出る。

つまり、河川敷ホームレスとは、ベテランのホームレスなのだ。長く生活するうえで、河川敷は公園や道路、駅舎よりもメリットがあるのだろう。河川敷に住むホームレスは、「今のまま（の路上生活）でいい」と答える人の割合が高いことも指摘されている。

いちばんのメリットは、小屋を常設できるということだ。常設のテントや小屋がある人は公園だと34％、道路だと39・6％、駅舎だと6・5％という数字に対して、河川敷では82・8％という突出した数字が出ている。

つまり、河川敷ホームレスとは、多くが〝家〟を持っているホームレスなのだ。

――ベテランで家を持っているホームレス――。

本章で、僕はこの河川敷ホームレスは、公園や駅舎に住むホームレスと少し違った人たちであるということを述べていくつもりだ。むろん、彼らの多くはアルミ缶回収業を行ない、元日雇い労働者や元工場労働者をしていたため、共通要素はある。だが、彼らの多くは、炊き出しに頼った食生活を送っていないし、繁華街から離れて暮らしているし、何よりも安定的な〝家〟を持っている。そして、僕が取材した結果だが、彼らは国や自治体が行なうホームレス政策にも、左右されずに暮らしているように見えるのだ。

ホームレスが選ぶのは国が管理する河川

ホームレス政策に左右されていないように見えるといったが、河川敷で暮らすホームレスが皆該当するわけではない。

たとえば、東京で河川敷のホームレスといえば、隅田川沿いに建てられたブルーシート小屋を覚えている人も多いだろう。東野圭吾の小説『容疑者Xの献身』や新井英樹の漫画『キーチ!!』にも、隅田川沿いに住むホームレスをイメージしたのであろう人物が描かれていた。むろん、隅田川は、１９９０年代以降のホームレスを語るうえでは重要なスポットだ。

東京都の東部を北から南に向かって東京湾に流れ込む隅田川にホームレスが住み始めたのは、バブル崩壊後の１９９０年代からだ。近くには東京を代表するドヤ街の山谷があるが、仕事に溢れて、そこからはじき出された労働者が多くを占めていた。

１９８５年のプラザ合意による急激な円高以降、製造拠点の海外への移行は始まっていたが、１９９０年代にはさらに「世界の工場」としての中国の地位が急速に高まった。そのため、国内の製造業の雇用が縮小し、この製造業の若手失業者が人材として建設業に流れ、従来の高齢化していた建設労働者を玉突きで押し出してしまったという構造的な失業が背景にある。

僕は１９９９年からちょくちょく隅田川に通い、ホームレスに話を聞いていた。とにかく見渡す限りズラッとテントが並んでいた。当時は花火大会のタイミングで一時的に立ち退きになることはあったが、基本的には安泰の住処だった。隅田川の路上生活者を支援する「隅田の会」の馬場佳久によれば、２００２年４月時点で、上流の綾瀬橋から下流の永代橋までの約10キロメートルに１０１１軒のブルーシート小屋があったという[*1]。

自治体の数字も見ていこう。２００４年８月、墨田区が行なった調査によれば、隅田川の東岸の同地区には計７３８人のホームレスがいた。墨田区のホームレスの大部分は、この隅田川テラスに住むホームレスだ。同時点のホームレスの人数を比較すると、墨田区（８８６人）は、東京23区の中では、新宿区（１１０２人）に次ぐ数で、上野公園や隅田川の西岸を持つ台東区（８６０人）をわずかであるが上回る。墨田区に隣接する足立区（79人）、荒川区（33人）、江戸川区（１７２人）、葛飾区（93人）、江東区（１６４人）、中央区（２０４人）と比べても、突出しているのがわかるだろう[*2]。

隅田川は一般居住地と川がかなり近い。第３章でも指摘したように、ホームレスの多くは社会の〝隙間〟を好む人種のため、一般居住地から近いというのは、むしろマイナス要素といえる。

しかし、この隅田川には、高い堤防が築かれており、居住地域と隅田川が分離されている。これがホームレスたちにとって〝目隠し〟となることも、ここにホームレスが集まってきた理由のひとつだ。また、上に首都高速が走っており、高架下のテラスは自然と屋根がある状態になる。雨や雪に弱いテントを設営するうえで、これほどのメリットはないだろう。

では、このような好立地の隅田川沿いだが、２０２０年現在、都内の公園や駅等から行き場を失ったホームレスたちが逃げ込む場所になっているのだろうか。

答えは、「まったくそうなってはいない」。

なぜ、ホームレスが住みやすかったところにホームレスが住んでいないのか？

これは第４章で触れたが、２００４年６月からホームレスが多く住む公園、地域を対象に都が行なった「ホームレス地域生活移行支援事業」が関係している。事業の内容は第４章を参考にしてほしいが、２００６年度・２００７年度の第二期事業に隅田川流域の地区が選ばれたからだ。

東京都は事業を円滑に実施するため、「テラス適正化担当係長」というポストを配置。

この係が、福祉部門や地元との調整を図って、ホームレスに自立を促進するとともに、定期的な清掃と退去指導を行ない、河川の回復を図る業務を担当した。

しかも、係の者は、担当する区域を毎日のように巡回し、ホームレスの小屋の数や位置、大きさについて細やかに把握していたという。

また、他の地区からの新規ホームレスの流入を防ぐため、24時間巡回警備も実施した。民間の警備会社に委託し、3時間ごとに1日計8回、常時2人で巡回する体制を作り上げた。彼らが新規小屋の設置や既存小屋の移動・拡大に目を光らせ、もし見つければ、即刻退去指導を行なうようにした。

さらに、その場所がホームレスの居住地ではないことをホームレスに自覚させるためにも、1ヵ月に一度、定期的に特別清掃も実施していた。他のホームレスにとって宝の山となる残存した小屋も、迅速に解体処理したうえで、同じ場所には、カラーコーンやトラロープ、バリケード、プランターを設置して花を植えるなどして、ホームレスを追い込んでいった。[*3]

この結果、隅田川流域のホームレスは大幅に減少した。つまり隅田川河川敷は、思いっきりホームレスの政策に影響を受けた場所なのだ。これは、隅田川が東京都の管理下に置かれていることが関係しているだろう。都道府県や市町村等の自治体が管理する川は、国（国土交通省）が管理する川よりも、ピンポイントで政策を打てるため、ホームレスの追い出しをしやすい環境にある。これが国となると、なかなかピンポイントでホームレスの減少を図る政策を打つことができないのだ。

つまり、本章で紹介するホームレスに重宝される河川敷は、隅田川のような都道府県に管理されている河川ではない。国に管理されている河川のことを指す。この後に紹介する、東京の多摩川（万年橋より上流は東京都の管理）や荒川、江戸川、大阪の淀川といった例はすべて国が管理する河川なのだ。

都市に寄生するホームレスが河川敷を選ぶ理由

さて、ホームレスの生活は極端に都市に依存している。繁華街や人の往来が多い自動販売機のゴミ箱からアルミ缶を回収し、駅舎のゴミ箱や電車の網棚から雑誌を回収して、換金し、生活費に充てる。

このような雑業は、人の往来が激しい都市でなければ成立しない。そういう意味ではホームレスは都市に寄生しており、居住するならば、都市部の駅舎や駅近くの大きな公園はとてもメリットが大きいのだ。

一方、都市の駅や繁華街から離れている河川敷は、公園や駅舎に圧倒的に劣る。ただ、公園や駅舎とは違い、河川敷は、小屋を建てて住んでいても文句をいわれず、追い出されないというメリットもある。

文句をいわれないといっても、河川敷に小屋を建てて住むホームレスは、河川法の第24条「河川区域内の土地を占用しようとする者は、国土交通省令で定めるところにより、河川管理者の許可を受けなければならない」と、同第26条第1項「河川区域内の土地において工作物を新築し、改築し、又は除却しようとする者は、国土交通省令で定めるところにより、河川管理者の許可を受けなければならない」に違反している。

そのため、定期的に国土交通省関東地方整備局の人がやってきては、法律を犯しているから、立ち退く旨を書いた紙を違法建築物に貼っていくのだ。多摩川の河川敷でこの張り紙を10枚以上貼られていた小屋も見たことがある。張り紙には「ここは、国土交通省が管理している多摩川の河川区域です。河川区域を許可なく耕作することは、河川法第24条(土地の占用)、第27条（形状変更）に違反しています。法律を犯しています！　直ちに現状を回復するよう注意します。」と書かれていた。ちなみに「法律を犯しています！」の部分は目立つように赤字で書かれていた。

10年間多摩川に住んでいるというホームレスが事情を話してくれた。

「1ヵ月も2ヵ月も誰も住んでいないってなると、公的機関の人が来て、勝手に取り壊していくんだよ。お金が欲しい人は、出張で飯場とかの仕事に入るじゃない？ そういう人たちは近所のホームレスに『役所の人間が来たら、しばらく出稼ぎに行ってるって伝えてくれ』っていってから出かけるんだよね。まあ、（立ち退きをさせる）仕事は彼らも好きじゃないみたいね」

住んでいる人を、強制的に追い出すわけではない。大阪の淀川の河川敷に長年住んでいるホームレスは次のようにいう。

「出ていけとはいわんわけよ。俺らにも基本的人権があるからな。『撤去してください』って書いていったりするな」

これは、河川法よりもより重大な生存権にかかわってくるという考えからだ。本書の「はじめに」でも、憲法第25条第1項「すべて国民は、健康で文化的な最低限度の生活を営む権利を有する」に触れたが、これが生存権である。ホームレスを追い出すことを、生存する基盤となる場所を剥奪する行為と考えれば、憲法第25条に違反しているという理論の筋が通る。

ただ、このような法律・憲法云々の問題よりも、強制的に追い出されないことは、ホームレスが住む河川敷が、堤防・土手を介して住宅地と一定の距離があることと、河川敷そのものがとても広いことのほうが関係しているだろう。

河川敷にホームレスが複数人住んだところで、困る地域住民はまずいない。詳しくは後述するが、彼らが住む河川敷の小屋は、橋の柱の裏か、川に近い茂みの中にある。舗装している道をランニングする人にも野球をする少年たちにも邪魔になるわけではない。そのため、そもそも地域住民であっても、嫌がらせ以外で苦情を入れる理由がないのだ。

さらに、土地が広すぎるため、立ち退いたホームレスが、またすぐ近くに小屋を建てるのを防ぐ手立ても現実的にはない。河川敷は24時間、誰にでもオープンに開かれている。もちろん、立ち退かせるには、手続きの手間もかかるし、建築材の撤去等に税金もかかる。

以上のことから、国が管理する河川敷はホームレスにとって、少し不便だけど、文句をいわれづらく追い出されない場所として重宝されている。

東京の河川敷に形成されているホームレス村

一般に、河川敷に行く人の多くは、そこに作られたスポーツ施設や公園、土手に沿ったアスファルトの道を利用するだろう。たしかに河川敷には、野球場、サッカー場、ゴルフ練習場などたくさん並んでいる。日曜日には、野球をする子どもたちの歓声が聞こえ、とても明るい雰囲気だ。多摩川河川敷でいえば、パッと見た感じでは、そこに住むホームレスの姿は目に入らない。

では、河川敷ホームレスはどこにいるのだろうか？

ひとつは、雨風が防げる橋の下だ。橋の下のため、河川敷を降りていかなければまず気づかない。競技をするスペースでもないため、河川敷ランナーが通り過ぎる際に見えるくらいだ。過去に河川敷を訪れた際、「橋の下になんか手作りの物置みたいなものがあるな」と思った経験があれば、それがホームレスの小屋である可能性は非常に高い。ただ、ランナーが使う舗道から見えない、橋の太い柱の裏側に建てているケースも多いため、普通に河川敷を使っていたら気づかないことも多い。

もうひとつは、河川敷の川の近くの葦《あし》の中だ。河川敷の川の近くは、一般の人が利用する場所ではないため、たいした手入れがされていない。そのため、自然と背の高い葦が茂る。この葦のせいで川が見えなくなっている河川敷も多いが、原っぱと川の間の緩衝地域となっており、子どもが川に落ちるのを防いでいる役目もあるだろう。

実はホームレスは、この葦の中を開拓し、小屋を建てて住んでいるのだ。そういった草むらには、葦が踏み倒され、大きな獣道のようになっている場所がある。その道を進んでいくと、ホームレスが生活している集落にたどり着く。役所があるわけではないが、それら集落がいくつか集まって、ひとつの村が形成されているといった感じだ。これは多摩川だけに限らず、荒川でも同じ光景である。

多摩川河川敷のあるホームレス村の場合

次ページの簡易地図は、僕が取材している都内の多摩川河川敷のあるホームレス村の例だ。

向かう途中に、ゴルフの打ちっぱなしの練習場で、たくさんの客がボールを川側に向かって飛ばしていた。テニス場や野球場も大いに賑わって、少年たちのキーキーはしゃぐ猿みたいな声も聞こえてくる。

獣道のような道をたどっていくと、徐々に道が広がっていき、道に沿って小屋が何軒も

多摩川河川敷のホームレス村マップ

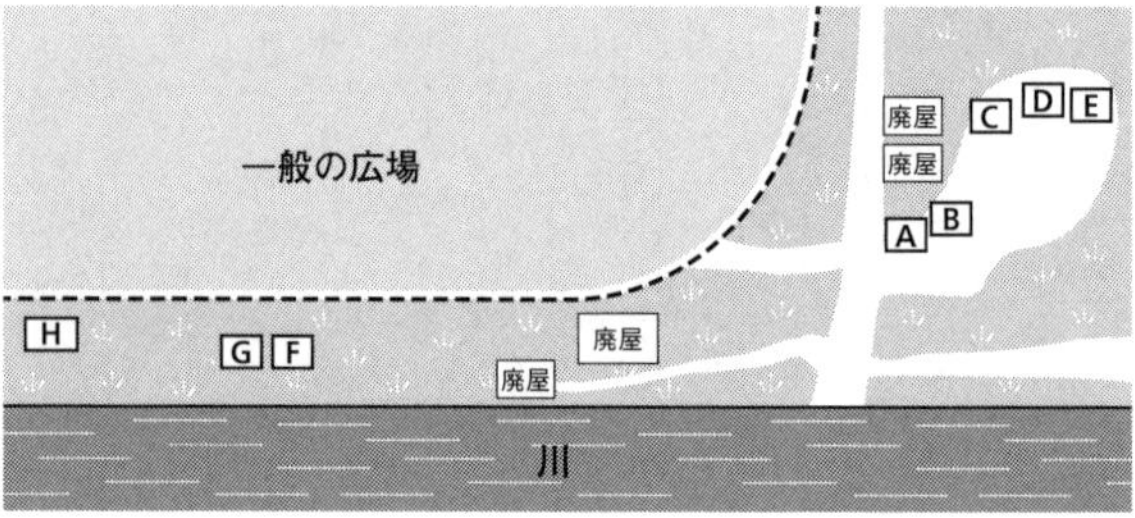

並んでいる。そのまま通りすぎると、葦も刈られてあり、小屋がざっと10軒以上ある開けた集落にたどり着いた。集落には梅の木が咲いており、その木枝が、日差しを遮ってくれて涼しかった。小屋の近くには畑があったり、地面にワンカップの空き瓶を使ったかまどのようなものが作られていたりする。まるでお伽話かロールプレイングゲームに登場する、森の中に突如現れる小さな村のようだ。とても原始的だが、地デジのアンテナや発電機が設置された小屋もあり、現代っぽくもあった。

古い小屋だと10年以上使っている。雨にも負けず風にも負けず、よく建ち続けてきたものである。一般人がスポーツをしている場所から、ほんの少し歩いただけで、まったく異次元の光景が広がっている。

ただし、平和なだけの光景ではない。しっかりと不穏な空気もただよっている。地面にはハードディスクや分解された電化製品が転がっている。高い塀に囲まれた家の中には人形やおもちゃなどがズラリと並べられていて、いいようにいえば近代アート的だけど、悪い言い方をすれば、少し頭がトリッキーな人のハウスだ。入り口には「熊に注意」の看板が張ってあった。

前ページのマップのⒶの小屋には、老齢の男性と女性のカップルが住んでいた。そこに住む男性（60代）は週3で川崎の工場地帯に日払いで働かせてもらっているという。10年前に当時勤めていた会社が倒産してしまい、ここに引っ越してきたそうだ。

この日、午前中に工場の仕事をしてきて帰ってきたという男性に話を聞いた。家の前で椅子に座り、木を組み合わせて何かを作っていた。

「この場所はたまたま知り合いが多摩川に住んでて知ってたんだよ。会社が潰れてよそに行きたかったけど、50歳超えてたからまともな仕事はなくてね。臨時の日払いの仕事に移行したんだ。まあ娯楽はないけどね。食べてはいけるよ」

連れの女性は「3〜4年ほど前にどっかから拾ってきて一緒に住んでんだ」という。この日、訪ねた時には不在だった。

「うちのババア、道楽がねえから毎日、銭湯行ってるんだ。風呂屋の客みんなと知り合いになっちゃってさ。『今日はあの人が来るから行かなくっちゃ』だってさ。参っちゃうよ。

俺も楽しみはないからさ。こうやって、昼間から酒をちびちびと飲んでいるわけだ」

労働の後の酒は実に美味そうである。

「まあその日暮らしだけどね。もう70歳前だけど、それでも地道に生きていれば年に1回、田舎には帰れるからね」

田舎は沖縄だという。沖縄出身の人に東京で会うのはそこまで頻度は高くないが、ホームレスの場合、沖縄出身者にはけっこうな頻度で出会う。ちなみに彼の住む場所からは、羽田空港へのアクセスもよく、田舎に帰る時には好都合だ。

「まだお袋も兄弟も全員元気だから。1ヵ月も電話しないと向こうから、必ず電話がかかってくるんだよ。心配症だね」

彼はホームレスには珍しく携帯電話も持っていた。幸せそうに生きているホームレスというのはたくさんいる。しかし、固定的な働き先も、そして恋人までもいる彼ほど、楽しそうに生きている人はなかなか見ない。

なお、同じ集落の少し奥に行くと、C・D・Eの小屋の前で、4人の男が木製の台を囲んでいた。50代後半から60代の男性たちだ。おそらくこれらの小屋の住民である。見ると、トランプを使ってポーカーをしていた。台の上には100円玉を積み重ねている。ギャンブルをしているわけだ。

取材しようと話しかけても、「俺が負けてる時に来るんじゃねえよ!! 勝ってる時に来い!! バカ!!」とたいてい追い返されてしまう。ちなみに彼らには、ギャンブルをしていない時に声をかけても、ものすごい排他的な塩対応をされる。

当たり前だが、ホームレスたちにして見たら、こんなところに入ってくる僕のほうが不審者で、招かれざる客なのだ。他にも何人か住んでいるが、ほとんど取材を断られる。誰もが取材ＯＫというわけではない。

この集落がここのホームレス村では最大の集落となる。しかし、ここから少し川を上ったところ、廃屋となった集落を通り過ぎた箇所に、小屋を建てているホームレスもいた。小さな集落で、小屋はFとGの2軒しかない。

Fに住んでいたのは70代のホームレスだ。２０１９年現在で16年ここで暮らしているという。

「もともとは蒲田の町工場で働いていたんだけど、工場が閉鎖になっちゃった。60歳になったら仕事がなくて。部屋を追い出されて、途方にくれていた時にここに来たの」

今は自転車を使ってアルミ缶回収をしているという。

「1日数時間やって20キロ集められる。月に15日間働くから、だいたい月300キロかな。ここらへんだとキロ105円だけど、（買取額が）高い川崎のところに持っていくとキロ110円だからそっちに持っていっている。5円しか変わらないけどね」

なお隣のGの小屋のことを聞いたら、Gの住人は生活保護を受けることになって出ていったことを教えてくれた。

「お隣さんにも、もともとアルミ缶で買った食料配っていたんだけどね。多い時には周辺に住んでいる5人くらいに配っていたんだよ。自転車じゃなくて手押し車で集めている人はもっとアルミ缶が少ないからね。だって金集めたって、使いようがないから。お隣さんは、今でも月に1～2回は顔出してくれますよ」

ホームレス生活なのに心優しい人である。今の生きがいは猫を飼っていることだ。近所のマンションの住人から、子猫が4匹生まれたので、そのうちの2匹を飼ってくれないか、と頼まれたそうだ。ホームレスに自分の家の子猫の保護を頼むのはどうかと思うが、受け取った彼自身は幸せそうだ。

「生活保護をもらえって声がかかっているけど、いろいろ気を使わないといけないからね。立ち退き食らったら困るなと思っているけどね、この場所はそれはないみたいだから」

ここからさらに上流に数十メートル離れた場所に、Ｈの小屋が建っていた。ペンキで白く塗られており、小さいながらもスタイリッシュだ。小屋の周りには、柵まで作っており、その柵も白いペンキで丁寧に塗られている。

住んでいたのは元精密板金工の80歳の爺さんだ。13年間、ここにひとりで暮らしているというが、饒舌で、明るい。

「13年前に川崎の競輪場の裏の立ち退きにあってね。ここに来たんだよ。今はわずかにある貯金を切り崩す日々。俺は酒もギャンブルもやんないからね。ここに住んでいたら1日１０００円で済むよ。一昨年までは焼酎飲んでたんだけど、血圧が１９０とか出て、お酒は控えてと医者にいわれたから。タバコも吸わなくなって、規則正しい生活さ」

80歳ということだが、言葉もしっかりしており流暢に話す。身体つきもとても健康的だ。彼もそうだが、この周囲に住んでいる人でメタボな人はおらず、皆シュッとしたスタイルを保っている。

「皆歩いているからね。太ると自分の身体支えるのも大変なっちゃうから」

皆とは少し離れたところで暮らすのは、ひとりが好きだからという。

「ひとりでのんびり暮らしたいよね。生活保護を受けるなら死んだほうがいいよ。『タダで暮らせるよ』っていうけど、どうせ俺らなんかは相部屋みたいなところあてがわれるんだから。生活保護受けても狭いところで共同生活するのが嫌で、ここに戻ってくる人も多いから。ここでひとりで暮らすほうが全然いいよ。ここだってタダだしな。身体が悪くなったら福祉受けるのも仕方がないけど今はまだ動くからね」

東京オリンピック・パラリンピックで立ち退きを受ける心配はないかと聞くと、こう答えた。

「少し前に、所長みたいなスーツ着た人がやってきてね。立ち退きさせられるのか聞いたら、そんなことはないよって答えてくれた。いつも来る役人退任した年寄りじゃなくて、スーツ着ていたからその人のいうことを信頼しているよ。『火の元は気をつけてね』といわれたけどね」

〝おひとりさま〟生活を自由に楽しんでいるといったところだろうか。

これらの人も合わせて、20人ほどでひとつのホームレス村が形成されていた。

このホームレス村以外でも、近所同士は密接にはかかわらないが、挨拶はするし、困ったことがあったら助け合ったりはしている比較的静かな村もあったし、出身地が同じ人たちで構成されており、皆が工事現場から金属製品を盗んできて転売している人たちが住む村もあった。

我々が住んでいる地域と同様、それぞれの地域で特色は違うし、住む人々も千差万別だ。

淀川河川敷のホームレスは〝ポツンと一軒家〟派

では西を代表する淀川河川敷はどうなっているのか。

大阪市淀川区の十三《じゅうそう》という駅で下車する。地元の人にとっては少し柄の悪い街として有名だ。そこから南に歩いてすぐに淀川は流れている。河川敷には人の姿はほとんどなく、運動場を利用している人もあまりいない。常に一般人で賑わう多摩川河川敷とは違う。

橋の下には、ぽつりぽつりと小屋が建っているのが見えた。全体を見渡すと、葦が十分育っていなかったこともあるが、堂々と見える場所に建っている小屋が多い。河川敷の利用者がそこまで多くはないからだろうか。一つひとつの小屋のサイズは東京のそれよりも大きく、40平米、50平米ほどの建物がざらにある。取材した場所は、東京の多摩川のようにある程度皆が集まって村を作っているという感じではなかった。

河川敷を川上に向かって歩くと、ひときわ大きな小屋が現れた。敷地面積は普通の一軒家くらいだろうか。１００平米ほどある。しかも、小屋の近くには骨組みだけの東屋みたいな建物もあった。中には椅子やパイプ椅子に座布団までこしらえてある。辺りを見回すと、川で何か作業をしているホームレスが見えた。ザルで泥を掬っている。どうやらしじみを獲っているようだった。

もともと肉体労働をしていたのだろう。大柄で、浅黒く、見た目もカッコイイ爺さん(60代)だった。

「こんな寒い日はしじみは獲らんのだけどな。今日はしじみが欲しいっていう人が来るから、獲ってあげたのよ。よくここに遊びに来る人だ。いつも、ビールとか持ってきてくれるからな」

河川敷の場合、一般の人がけっこう遊びに来る。たとえば河川敷で釣りをする人などは河川敷に住むホームレスとコミュニケーションを取っている人も多い。

爺さんは東屋の中に入っていった。

「遠慮せずにあたっていき」といわれた。やはりこの爺さんが作った場所なのだろう。続いて中に入ると、心地よい熱が伝わってきた。床にはコンクリートブロックでかまどが作られていて、炭が燃えていた。

「ここはよういろいろなお客さんが来るのよ。冬は(火の)あたり場にしてるの。この炭は、近くのバーベキュー会場で拾ってきたヤツなんや。みんなバーベキューが終わった後にほかしていくやろ。それを洗って、干して。こまいのばっかりやけど、それがまたいいんよ。あんまりハネんし、長持ちするしな。でかいのはブワッて一気に燃えてしまうやろ」

そういいながら、置いてあった鉄の棒で炭を掻き回す。

外から、よたよたっと、丸々と太ったビーグルが入ってきた。爺さんが自身の後ろに仕切りを置いて犬のスペースを作ると、そこに陣取って伏せた。名前は「ピー」というらしい。ピーにはファンがおり、一般人数人がちょくちょくここを訪れて餌を与えてくれるという。

「淀川のしじみは話題やからな。昔は『淀川のしじみなんか食えるか!!』っていったもんやけど、今はブランド化しとるわ。ちょっと茶色いしじみが獲れるんやけど、それは鼈甲《べっこう》しじみいうて、京都の料亭だと、大粒のが5〜6個入ってるだけのすまし（汁）1杯で3000円やで」

さすがにしじみのすまし汁1杯のみの価格で3000円はないようだが、調べてみると、料亭に卸されているのは確かだった。

「しじみは泥やからな。獲った後にちゃんと泥を吐かせないとな。あと、貝毒っていうて獲れん時期があるんよ」

貝毒とは、有毒プランクトンを貝が食べて、毒化してしまうことをいう。4～5月の季節に発生することが多い。

「それがまたいいのよ。その間は誰も獲らんだろ？　だからぐっと大きく育つんや。しじみはな、小分けにして冷凍庫に入れるのがいいのよ。凍らせてしまうのよ。すると仮死状態になって、いつでも美味しく食べられるんよ。旨味も出るんや」

漁師ならではの生活の知恵といったとこか。

「『ためしてガッテン』とかそんな番組でいってたわ」

違った……。

東屋のすぐ隣には、土の入ったプラケースがいくつも並んでいる。

「ああ、ちょっと前までは菜種を植えてた。菜の花も食えるからな。今はゴーヤとかいろいろ。ここに来るお客さんがやりたがるワケよ。マンションのベランダのプランターじゃつまらんやろ？　なんせここに住む俺は大地主やからな、はっはっは。……まあ国交省には睨まれとるけどな」

淀川も一級河川で国が管理している。他の人にも話を聞いたが、無理にでも出ていってもらう、という対応は東京の多摩川や荒川同様されていなかった。ただ、この人以外も「大阪は福祉の街だから、福祉をもらってください」という文句で生活保護を勧められていた。

「福祉もらうヤツは、酒飲んでギャンブルばっかりしよるわ。西成行ったことあるか？炊き出しに並ぶ半分以上が生活保護もらっとるヤツらや。ようするにギャンブルで全部お金使ってしもうてやな、仕方ないから炊き出しに並ぶんや。なんのための生活保護か、なんのための炊き出しかわからんやん」

そういって爺さんは、伏せている犬を見た。犬もそれに気づき、顔を上げて見返す。

「ピー。お前も食ってばっかりだと死ぬぞ」

しじみを獲ったり、野菜を育てたりしながら、川のほとりで犬とふたりで暮らす。とても充実しているように見えて、悪い生活とは思えなかった。

この淀川河川敷には、以前、おもちゃやカラフルな家財道具で彩られた個性的な小屋があった。明るい雰囲気で、地元の人にもよく知られているプチ観光スポットだった。その小屋の周りには「散りぬべき　時知りてこそ　世の中の　花も花なれ　人も人なれ　細川ガラシャ」など、様々な人の辞世の句が書かれた蛍光灯カバーが飾られていた。

その家主には僕も一度会いたかったのだが、２０１４年頃に亡くなったと聞いた。小屋もすでに取り壊されていた。

東京の河川敷に比べると大阪のそれにホームレスが少ないのは、まだ街中で眠れる場所が残っているからだろう。

第３章で触れた西成以外でも、たとえば浪速区の日本橋にある電気街・でんでんタウンに行くと、シャッターの前や、チンチン電車の駅・恵美須町駅で寝ているホームレスの姿を見かける。２０１９年の初夏、終電後、恵美須町駅の前を通ると、おっさんたちがゴロゴロと倒れていてギョッとした。恵美須町駅は改札口がなく直接ホームに入ることができるのが特徴である。とはいえ、排除することは可能だろうから、温情で見過ごしているのだろう。この阪堺電気軌道はドヤ街・西成を走り抜ける。余談だが、かつては阪堺電気軌道の線路沿いで、覚せい剤の密売などが行なわれていた。

しかし、第３章で触れたように、２０２５年の大阪万博に向けて、街中のホームレスの追い出しが激しくなれば、東京と同様に、淀川の河川敷のような場所に流れる人は増えていくのではないだろうか。

3LDKや2階建ての小屋もある

では、彼らが住む個別の小屋は、いったいどういったものか？

都市公園で見かけるホームレスの居住地の多くが、ブルーシートで作った自家製のテントであることには第1章で触れた。上野公園や代々木公園にも、以前はたくさん小屋が建てられていたが、どんなに大きな公園といっても、土地が限られる。定期的な清掃が入り、撤去しなければならないといったルールもある。そのため、そこまで大きな小屋は建てられないのだ。

一方、河川敷の小屋はとても大きい。２０１９年９月現在、東京の多摩川や荒川、大阪の淀川には大きな小屋が建っていた。

ホームレス取材をしたいというテレビ局の人や出版社の人とともに河川敷を訪れると、彼らが、河川敷の小屋を見て最初に口にすることは決まってこれだ。

「大きいですね！」

河川敷に建てられている小屋は、10平米ほどのコンパクトなものもあるが、30平米を超えるものもけっこうある。先述したが、淀川には40平米を超える小屋もざらにある。

ペンキが塗られていたり、鍵のかかったキチンとしたドアがついていたりする。窓までついていて、取材している時に居留守を使われたホームレスと、窓越しに目があったこともある。

間取りについても多彩だ。簡易なワンルーム造りが多いが、ダイニングルームとベッドルームを分けて１ＤＫの間取りにしている小屋もある。すでに廃墟となっていた物件だが３ＬＤＫといった間取りで80平米ほどの広い小屋を見たこともある。荒川の河川敷では、そこまで大きくはないが、足場パイプを上手に使って２階建ての小屋をこしらえているのも見た。

こうなってくると本当にちゃんとした「ホーム」であり、「レス」しているとはいえないレベルだ。２０２０年２月現在、20平米ちょっとの１Ｋアパートを仕事部屋兼生活スペースにしている僕の家よりもずっと広い。取材しているとちょっと羨ましくなるほどだ。

河川敷で流通する〝中古物件〟

また、河川敷の小屋の多くは、床が地面から浮くように高床式になっているのも特徴だ。湿気や寒さを防ぐためである。高床式は、建築現場で使う足場パイプを使う。足場パイプで組んだ上からベニヤ板を重ねて作るのだ。

多摩川で暮らして5年目という元鳶職のホームレスは2日で小屋を作ったという。

「これはほうぼうから廃材を拾ってきて作った。奥にはベッドも置いてあるんだけど、今は散らかってるから見せられないな。まあ冬は朝方が寒いけど、夏は快適だよ」

酷暑が続く昨今の日本だが、河川敷は川のおかげで風が流れているうえに、ビルが密集する都心と違って、熱が逃げない構造ではないため、そこまで暑くはない。

彼の建てた小屋は高床式になっているうえ、小屋の周りが盛られた土で囲まれていた。

「ここは上（線路）から雨が落ちてきて浸水するからな。小屋の周りに堤防を作って、水が入ってこないようにしてるんだ。まあ生活の知恵だよ」

なるほど。聞けば納得である。

河川敷の小屋は、しっかりした杭が地面深くに打たれているところも多く、とても頑丈だ。杭は、増水の際に建物が流れていくのを防ぐためである。

ちなみに、いくつかの小屋は、土手の道に対して、少し角度をつけて斜めに建てられていることもあった。初めて見た時に、作り手の腕がなかったのかなと思ったのだが、先述の元鳶職のホームレスに聞いたら、全然違った。

「夏場は小屋の中に風を通したいから一工夫してあるんだ。風はだいたいいつも川の方角から斜めに吹いてくる。だからその方角に合わせて、小屋を斜めに建ててあるんだよ。風が入るのは涼しくていいってのはもちろんあるけど、風があると蚊がいなくなる。吹き飛んじゃうからな。藪の中に入ったら、虫がすごいぜ。ちなみに前住んでいたのは周りはヤブだったけど、クルミの木が生えてたから、虫は来なかったよ」

クルミの木に防虫効果があるのは聞いたことがないけど、ホームレス先生がいうなら本当かもしれない。

このように、小屋といっても、素人がすぐに作れるものではない。ホームレスの中には、建設現場の日雇いをしていた人が多く、小屋を作るノウハウにもある程度精通している。しかも、彼のように鳶職や大工といった職人をやっていた人もけっこういる。材料費以外に、こういったプロに建築費として数万円を払って作ってもらう新参ホームレスもいるほどだ。

このため、このような立派な小屋は、〝中古物件〟としても流通している。住んでいたホームレスから買い取る人もいれば、廃墟となったところを自分で修理して使うホームレスもいる。

ホームレスの楽しい農園ライフ

また、ホームレスには、それぞれの小屋の周りに多くの畑を持っている人も少なくない。家の周りの土を耕して、作物を育てているのだ。

「食べ物しか植えないね。花なんか育てたって仕方ないから。春先から植えるんだけどね、けっこう採れるよ。こっちの畑にはロープを張って、枝になるヤツを育ててるの。トマトとかキュウリとか、ゴーヤとかね。で、あっちの畑は、大根とか根菜」（多摩川河川敷在住の60代ホームレス）

どの芽もスクスクと育っていた。キュウリ、ゴーヤ、ナス、トマトなどの夏野菜を育てているホームレスは多かった。どれも家庭菜園でも比較的簡単に育てられるものらしい。

あとは関東の河川敷に住むホームレスだと、ネギを植えている人が多い。ネギは先ほど挙げた夏野菜であるキュウリ、ナス、トマトと一緒に植えると病気を防いでくれるそうだ。

「これらは全部１００円ショップで種を買ってきて育てたんだよ」（荒川河川敷に住む60代ホームレス）

また、おしゃれなものでは、イタリア料理に欠かせないルッコラや、彩り野菜として昨今人気のラディッシュなんかも栽培していた。僕はルッコラを知らなかったため、「お前ルッコラも知らねーのか？」とバカにされた。なお、種を蒔いてからルッコラは30日間ほど、ラディッシュは20日間ほどで収穫できるので、すぐに採れることがホームレスからも人気のようだ。

なお、家庭菜園ではないが、河川敷の土手に自生しているノビルやセリ、アブラナなどを採ってきて、調理して食べているホームレスもいる。コンビニ弁当や外食で済ます僕なんかよりも多種類の野菜を食べているように思えた。

また、江戸川の河川敷では、ハゼやスズキ、アユの稚魚が獲れる。スズキを血抜きして刺身にして食べたり、ハゼを素揚げにして食べたりするホームレスもいる。中には、釣った魚を居酒屋に持ち込んで売っている人もごく一部にいるようだ。

江戸川区にいるホームレスの多くは江戸川河川敷のようだが、このような川の恩恵にあずかれるのが魅力なのかもしれない。

「健康で文化的な最低限度の生活」をしているホームレス

このように昔ながらの生活をしている人も河川敷にいるが、文明の力を借りている人も、公園で暮らすホームレスより多い。ホームレスの家には、電気、水道は通っていないが、発電機を持っている人がいるのだ。

とある新聞記事でディーゼル発電機をフルに回してほとんど一般人のひとり暮らしのような生活をするホームレスの様子が取り上げられていたが、新聞の取材を受けた人も、記者が来たから奮発して全部つけただけだろう。燃料となるガソリンは、お金がかかるうえに、買いに行くのが面倒くさいということで、発電機を持っているホームレスも、頻繁に使っている人はいないからだ。

発電機を持つ人の中には、小屋の中で電子レンジやテレビを備えている人もいる。ただ、冷蔵庫やエアコンといった、常時電力を流し続けなければならないものは利用していない。テレビを持っている人もおり、毎日欠かさず夜のニュースだけは見ているという社会派ホームレスもいる。

なお、発電機がなくても、ホームレスは携帯ラジオの所持率が非常に高い。ホームレスの携帯電話所持率は高齢化もあってか、著しく低いのだが、ポケットに入る携帯ラジオの所持率は一般人のそれよりも高いだろう。年がら年中ラジオをかけっぱなしにしているという人も少なくない。取材している限りだと、ＮＨＫを聴いている人が多い。音楽番組やバラエティ番組を聴いている人はあまりいない。経済ニュースではなく、競馬放送を聞いている人が多いが、ずっとラジオを聴いているホームレスは自然と世事に詳しくなっており、ホームレスに世界情勢を教えられることもあるくらいだ。

なお、調理をする人のほとんどが、カセットコンロを利用している。キャンプのようにわざわざ火を焚いている人も一部ではいたが、基本はカセットコンロだ。１００円ショップで買った食材に、付け合わせで先に挙げた菜園で育てているものや土手で自生している野菜を入れて、簡単な料理をしたりする。

こういった家財道具の多くは、拾ってきたものだ。使えそうなものは適当に拾ってくるため、壊れていた家電を小屋の周りに放置している人もいる。ゴミ屋敷っぽい雰囲気になっている小屋も少なくない。

適宜に働いて、質素な食事ながらも自分で育てた野菜で彩って、あとはラジオを聴いたり、本を読んだりして、日が落ちて暗くなれば眠る。毎日8時間の労働に加えてサービス残業までして手取り月収20万円以下みたいな人に比べれば、より「健康で文化的な最低限度の生活」ができているとすら思えた。小屋もしっかりしているため、ホームレスというよりは「家で生活している」という感じだ。彼らを駅舎や道路で寝泊まりするホームレスと一緒に語るのは、やはり少し違うように思う。

河川敷でのびのび生きるペットとホームレス

また、広大な土地の河川敷ではペットを飼う例は多い。上野公園でも猫を飼っているホームレスは多いが、河川敷の場合は、猫以外に犬を飼ったり、場合によってはウサギを飼ったりする人もいる。

ただ、河川敷という自然の中では、動物たちが大繁殖してしまうこともある。

多摩川の河川敷に住むホームレス（70代）は、12匹も猫を飼っていた。

「『やたら』とか『くまごろう』とかまあ適当に名前をつけてるよ。やたらというのはやたら餌を食べるからやたらね。最初は1匹飼っただけだったんだけど、そいつがメスだったんだよ。10匹子ども産んじゃってね。で、その子の中にいたメスも子ども産んじゃった。ねずみ算式に猫が増えていったんだよ。まあマンションで閉じ込められて飼われるよりは、こうやって自然の中で暮らしてるほうが、猫だって幸せだよ。みんな飛んだり跳ねたりしてるよ。夜になると戻ってきてな。みんな家族なんだ」

取材の時は猫は全員外出していた。大した外敵もいない適度な自然の中を散歩するのは、猫だって気持ちがいいだろう。

２００５年には荒川河川敷でウサギや犬が大繁殖し、動物園のような状態になって話題となったことがあった。そこの飼い主は50代のホームレスだった。

彼は日雇いの仕事をしながら、月3万円かかる餌代を捻出していたのだが、ウサギの繁殖力が強く、気づけば50匹以上になってしまったという。国土交通省はさすがに問題視し、「堤防に穴を掘ったり、芝生を食べてしまうため」という微妙な言い訳をつけて、オスとメスを別々に飼うための柵を建てた。

その後柵は飼い主がウサギを増やさないと約束したことで取り払われたが、地元の家族連れには、このウサギたちは大人気で、気に入った個体を譲り受ける人もいたようだ。その後は、ウサギも2匹まで減り、事態は収まったようだ。[*4]

ペットを飼っているホームレスは皆幸せそうである。先の12匹も飼っている人も「みんな飯バクバク食うからな。文句はいえないけどさ。でも餌代は本当に大変なんだよ」というが、顔は始終笑顔だった。

また、「俺も持病あるからさ、死んだほうが楽なんだけど、死ぬわけにはいかないんだよな。なんたって猫がいるからさ。猫の介護をしていかなきゃいけないんだよ。大変だよ」と語る人もいる。

ペットの存在が、ホームレスが絶望せずに生きることに間接的に役立っているのは間違いないだろう。

なお、ホームレスがペットを飼うことに怒る人もいるが、彼らが飼っている動物たちの多くは、もともとは一般人が捨てた動物たちだ。彼らが保護されなければ、自治体の愛護センターや自治体から1匹あたり数千円から数万円で引き取る「引き取り屋」と呼ばれるところで、殺処分されたり劣悪な環境で飼育されたりする未来が待っていたということは指摘しておきたい。

ホームレスよりもずる賢い人たち

ホームレスが河川敷で小屋を建てて暮らすのは、不法占領である。しかし、じつは一般人の中にも河川敷を不法占領している人たちがいる。しかも、取材すると、彼らのほうが大規模に占領していることが多い。タチの悪さでいえば、一般人のほうが飛び抜けている。

「隣の畑はアパートから通ってきて耕してるね。生活保護をもらってる人みたい。アパートでは植物の栽培ができないから来ているんだって」

江戸川の河川敷に小屋を建てて暮らすホームレスはそう教えてくれた。その畑はホームレスのそれよりも大きく、6畳ほどのスペースでできており、周りには網で仕切りまでされていた。

僕が他の河川敷で畑を耕す人に話を聞いた際も、その人は家を持つ一般人だった。70代の老人で、近くにある大きなマンションからやってきて畑を作っているという。マンションではベランダで小さなガーデニングしかできないため、河川敷に畑を作ることにしたらしい。広さは20畳ほどだ。

「楽しいけどね。でもいざ収穫だって来てみると、全部盗られちゃってることも多いんだよね。誰に文句もいえないけどね」

このような畑は「ヤミ畑」といわれ、近年問題になっている。なお、彼が話すには、中国の人たちはより大きなヤミ畑を栽培しているという。中華料理店で出す野菜を育てているようだと聞いたが、真偽の程はわからない。ただ、千葉県の花見川の河川敷では、中国人が大規模な違法畑を作っていることで問題になったこともある。[*5]

建物においても同様だ。２０１９年5月、多摩川の河川敷を歩いていると、街で見かける木造住宅レベルの建物が建てられていたのを確認している。敷地面積も、おそらく60平米ほどあった。

ただ、敷地面積よりも、しっかりした木の板で覆われていること、そして屋根の高さも周りの小屋とは段違いに高い立派なものであることに驚いた。周りに住むホームレスに聞いたところ、なぜか皆、口をつぐむ。そこに、ここらへんをいつも散歩しているという近所の住民が来て、事情を教えてくれた。

「こんな大きいもの、ホームレスが建てられるわけがないでしょ？　一般の人が、勝手にここに建ててしまったみたいなのよ。こんなの行政が放っておくわけないけど、近くに住むホームレスも怖がっているみたいね」

しかも人が住む場所ばかりではない。２０１４年春、多摩川河川敷に巨大な檻が出現したことがあった。金属で作られた、本格的な建造物だ。檻の中には、大量の犬猫が飼われていた。近づくと、いっせいに吠えられてとても怖かった。

ある檻には札が貼ってあり「ネコ大人３」「新入りいます　入室注意」などと書いてあった。東屋も併設されており、そこには餌用の皿やリードが置かれていた。ちょっとした動物園のような設備で、木材も綺麗で、建築するために新規で購入されたようだ。材料費だけで数十万円はかかっているはずだ。ホームレス個人が建てられる規模ではない。

いったい誰が作ったのか。近くに住んでいたホームレスに話を聞いた。

「金融屋の社長が、俺ら（ホームレスたち）を使って作ったんだ。自分の家では犬猫を飼い切れなくなったって。ここらではボスっていわれている人物で、たまに焼き肉とか食べさせてくれるんだよ」

ボスと呼ばれる人物は複数のビルを持つ、大金持ちだという。なんとも奇妙な話である。しかし、２０１９年5月、再び取材に訪れたら、何かトラブルがあったのか、もしくはさすがに国土交通省の逆鱗に触れ撤去されたのか、檻は半分解体され、無残な姿になっていた。

飼っていた犬もすでにいなくなっていた。人が作業をしていた場所も取り壊されていたが、ロッカー、キッチン、なんと洋式のトイレまで設置していたのが確認できた。これらの流した水はどこに行くのかはわからなかった。不法占拠の家で、水洗式のトイレがついているのは非常に珍しい。ロッカーの周りには数字が書かれた手製のＣＤ－ＲＯＭが何枚も落ちていた。とても不穏な空気が流れていた。その後、ここの解体は進み、今はほとんど何も残っていない。

この不穏な施設から少し下流に行った場所には、動物たちのお墓があった。なぜか灯籠のようなものまで置かれて雰囲気が出されていた。死骸が埋められているであろう場所にレンガが置いてあり、そのレンガには「そら3歳」などと、名前が書かれていた。近隣のホームレス住民に話を聞いたところ、檻にいた動物たちの墓ではないか、ということだった。

この他にも一般人が河川敷に、施設を建ててしまうことは度々ある。多摩川の川崎方面の河川敷を歩いていると、屋根があるだけの東屋のような建物を見かけたことがある。中では60歳くらいの男性5人が楽しそうに談笑していた。ホームレスの人たちかな、と思ったが、それにしては服が綺麗だと思った。話しかけると、案の定「ホームレスじゃないよ」と笑いながらいわれた。

「俺たちは会社とかをリタイアした人間が集まっているの。ここは僕らが建てたもので、ここで釣りやったり、鍋やったりしているんだよ」

つまり老後の趣味で集まっているらしい。もちろん小屋建築は違法だ。

ただ、老後の趣味を河川敷で過ごしている人は少なくない。中には船着場を作って、そこから船を出して釣りをしている人もいると聞いた。多摩川ではどこに船着場があるかわからなかったが、大阪の淀川では立派なＤＩＹの船着場が建っていたのを目撃している。

他にも、葦が大きく刈り込まれ、お手製のゴルフ場になっていた箇所もある。話しかけたのだが、けんもほろろに追い返されてしまった。

このように一般人が河川敷を不法占領しているケースは決して少なくない。

河川敷ホームレスの最大の敵はバカな未成年

快適な生活を送っているように見える河川敷ホームレス。しかし、彼らは理不尽な暴力を受けることもある。

繁華街で寝ているホームレスに暴力を振るうのは酔っ払ったサラリーマンであるケースが多いことは、第1章で触れた。しかし、河川敷には酔っ払ったサラリーマンはまずいない。

河川敷ホームレスに暴力を振るうのは、分別がない不良中高生や、バーベキューをやっている酔っ払った大学生だ。こういった未成年、学生加害者の多くは、集団で群れたうえで襲撃してくるからタチが悪い。

「夏になるとしょっちゅう石とか花火とかをぶつけられる。それもまあ我慢してたんだけど、ある夏に寝ていたら、中学生くらいの悪ガキに火をつけられたんだ」

２０１５年、多摩川で釣りをしていた人に紹介してもらった同河川敷で暮らす強面のホームレス（50代）は、そう被害を訴えた。就寝中にオイルをかけられ、ライターで背中に火をつけられたが、幸い燃え広がる前に火は消えた。しかし、熱さで暴れる姿を見て、その子どもは笑っていたという。

他にも「小屋で寝ていたら学生服着た子に、花火を打ち込まれた」「中学生たちが悪ノリしていて、突然飛び蹴りをされた」と、河川敷に住む多くのホームレスたちは、理不尽な暴力を一度は経験している。

このようにバカな未成年による街中のホームレス襲撃は断続的に起こっている。

１９９７年3月、中学2年生14人が、淀川の河川敷で暮らしているホームレスの男性（63歳）を約3時間半もの間、執拗に追い回し、集団でエアガンを乱発。その発砲数は1万発にもなった。使われたのはエアガン等8丁。至近距離2メートルから撃ち込み、やめさせようとする男性を取り囲んで「集中砲撃！」と声を上げ、代わる代わる連射し続けたという。

彼らを逮捕・補導した大阪府警がエアガンを調べると、5メートルほど離れた距離から撃っても、段ボールを貫通する威力があったという。目に当たったら大惨事になるところだった。

「最初は紙の的を撃っていたがつまらなくなり、人を標的にした」

この手の未成年加害者は、だいたい遊び半分でやっている。もともと、ホームレスの住まいを壊したり、持ち物を勝手に川に投げ捨てたりするどうしようもない子どもたちで、エアガンによる襲撃も、複数回繰り返していた。

エアガンは、地方自治体が定める青少年保護育成条例によって購入できる年齢の下限を設けている地域が多い。大阪府も、有害玩具に指定しており、18歳未満の直接販売は禁止している。そのため、この事件では、後日、彼らにエアガンを打った玩具店が書類送検されている。

だいたいが男による犯行だが、女が交じることで、燃料が投下されてしまうこともある。２００６年６月、埼玉県の黒目川河川敷で、ホームレス（43歳）の寝ていた段ボールハウスの放火未遂事件が起きた。河川敷でバーベキューをやっていた学生たちが、余ったサラダオイルをハウスにかけて「燃やせ！」「殺せ！」と煽り、ライターで火をつけようとしたのだ。捕まったのは、煽ったうえに自身のライターを男子学生に渡した大学4年の女子大生（21歳）や専門学校生の男子学生（20歳）を含む学生４人。「探偵ファイル」の報道によれば、池袋のカラオケ店で働くバイト仲間だったようだ。[*6]

このような事件は２０１０年代に入っても、各地で起こっている。２０１０年3月に起こった兵庫県尼崎市の武庫川河川敷で起こった殺人未遂事件（被害者65歳男性、加害者は「（相手が）死んでも構わないと思った」と供述した14歳の中学生２人）、２０１１年１月に群馬県の広瀬川河川敷で起こった傷害事件（被害者67歳、加害者は「面白半分で河川敷にあった石を投げた」という14歳の中学生４人）、２０１２年2月に神奈川県の中津川河川敷で起こった傷害事件（被害者59歳、加害者は「あいつをやりに行こう」と犯行現場に向かった16歳の無職少年と14歳の中学生）と挙げればきりがない。

河川敷は、住宅街とも離れているうえに、土手や堤防であたりから見えにくくなっている。犯行に及ぶ未成年者の中には「ホームレスならバレないと思った」という供述をしている者もいて、近隣住民の目が届かないことが逆に利用された形だ。

ホームレス村で起こる殺人事件

こういった凶悪事件が起こるため、ひとりでいると暴力を受けやすいということから、ホームレスたちは河川敷でも集落を作って生活する。もちろん「ここに、集まって村を作ろう！」と宣言して、人が集まってきたわけではない。ただ結果的に、村としか呼べないくらい小屋が密集した場所になる。集団で暮らせば、助け合うこともできるので、ひとりで生活するより楽になることもある。

ただし、村社会になると村人同士のケンカが発生することが世の常だ。酔っ払って思わず手が出たくらいの話もあるが、刃傷沙汰に発展したケースもある。

１９９９年９月、加害者のホームレス（52歳）が、同じくホームレス仲間だった３人（57歳、62歳、69歳）をバタフライナイフで刺殺し、荒川に投げ込んだ事件は全国のニュース番組で報道された。犯行理由は、殺された男性のひとりに「俺にばかり水汲みさせるな」といわれたことにキレたという。ちなみに彼は犯行時に覚せい剤を使用していたということで「心神耗弱《こうじゃく》だった」とされ、２００６年６月、一審の死刑判決が控訴審判決で破棄され、無期懲役の減刑判決が出ている。[*7]

金銭目的で殺人事件に発展するケースもある。２００４年８月には、淀川河川敷でホームレスらが、お金を持っていたホームレス仲間から現金約１００万円を奪ったのちに、フライパンで殴打し、粘着テープで縛って、深さ２メートルの穴に生き埋めにして殺害した。この事件が発覚したのは、10年経った２０１４年７月だ。ホームレスの２人（53歳と45

歳）が捕まって、その後無期懲役の判決が出た。[*8]

近年でも、2017年11月、荒川河川敷でホームレスが、酒を飲んで口論となり、同じ集落で暮らすホームレス（61歳）をハンマーで撲殺した事件が起きている。

ただ、こういった事件は本当に氷山の一角だ。殺害にまで至らない事件だと、ホームレスは、騒ぎになり河川敷から追い出されることを恐れ、口をつぐんでしまうケースも多い。

また、西成警察のホームレスへの態度は特異ではあるものの、治安を守る立場の警察にぞんざいに扱われた過去がある（と本人が思っている）ホームレスは多く、その場合は警察そのものを信用していないのだ。実際、多摩川の川崎側の河川敷で若者からの暴力被害に遭った男性が、川崎の駅前の交番を訪れたところ、「お前ら（ホームレス）の相手をしているヒマはねえ!!」と一喝されたという。

河川敷の集落で生きるにも、そこは野外で、人目につきにくい場所である。それなりのリスクが発生する。

河川敷ホームレスを無差別に襲う水害

人間の暴力は、村を形成することである程度予防できるが、自然の暴力はそうはいかない。

河川敷は台風の被害を受けやすい。台風が来るたびにそれなりの被害はある。住人に話を聞くと、直接被害を受けた話をよく聞いた。

「いや胸の高さまで水が来たよ。必要な物だけ持って土手の向こうに逃げたけど」

「近くに住んでいた人が流されたんだよ。結局見つからなかったんじゃないかな？　サメの餌になっちゃったかな……」

ホームレスで台風といえば、２００７年9月に襲来した台風9号の被害を思い出す。各地で土砂崩れや家屋の浸水が起きたが、この際、河川敷に住んでいたホームレスも多大な被害を受けたのだ。

荒川の河川敷では、ホームレスの男性5人が取り残されてしまい、４人がヘリで救助され、１人はなんとか自力で岸までたどり着いた。

多摩川の河川敷では、30戸ほどのホームレス小屋が濁流につかってしまい、7人が取り残された。彼らは川にかかる新六郷橋からロープをつたって降りていった消防隊員に救助された。多摩川ではこの台風で36人が救助されたが、少なくとも3人のホームレスが流されてしまい、行方不明となったことがわかっている。

なお、台風や豪雨が無事に過ぎたからといって、落ち着いていられない。台風が過ぎた後は、たとえば多摩川の源にある奥多摩湖の小河内ダムでは放水を始めることがある。この放水の危険を知らせるサイレンはあるのだが、それが上流の3分の1である羽村市までしかない[*9]。それより下流に住むホームレスの地域に、このサイレンはない。

実際、過去には台風による大雨は無事に過ごしたものの、このダムの放水で流されてしまったホームレスがいるのだ。そう考えると、河川敷の川の近くに住むのは、それなりにリスクの高いことともいえる。

最後の楽園はいつまで続くのか?

未成年や仲間による暴力や防げない水害。そのようなリスクはあるものの、河川敷沿いは、２０２０年現在ホームレスにとっては最後の開放された場所になっているのは間違いない。

東京の多摩川や荒川、大阪の淀川では、今も多くのホームレスが暮らしている。ここで取り上げなかった地方都市にも、河川敷で小屋を建てて生活するホームレスがいる。

ただ、今の「許されている」状況がいつまで続くかは、わからない。

かつては、ホームレスが居住していることで有名だった隅田川の河川敷は、先述した通り、テラス工事をする名目で、排除された。隅田川は、地面が土の多摩川河川敷とは違い、コンクリートで固められており、住むには衛生的に悪くなさそうな場所だった。ホームレスに話を聞いた時は、「隅田川は長すぎるから全部排除はできないだろう」「河川敷は迷惑を被る人が少ないから、警察も目をつむる」などと楽観視しているホームレスも少なくなかったが、結果はきっちり退去させられた。今も、ホームレスがいないわけではないが、新規で小屋を建てるのは困難な状況だ。

彼らの居場所はいつまでも約束されているわけではない。

ただ、その一方で、令和という新時代においても、ホームレスはやはり生き残っていくのだろうとも思う。そう確信させられる出来事が起きた。

２０１９年10月12日、台風19号が上陸した。関東地方、甲信地方、東北地方などで記録的な大雨となり、甚大な被害をもたらしたのは記憶に新しい。この際、東京都の台東区が自主避難所を訪れたホームレスの利用を断ったことが問題視された。

僕はこの台風が去った翌13日に多摩川を訪れた。普段であれば、日曜日はカキーンと金属バットで球を打つ音や、子どもたちの歓声が聞こえる平和な場所なのだが、その日は違った。水は引いていたものの、まだ抜け切っておらず、魚が水たまりに跳ねていたり、大量のカニがそこかしこをササッと歩いていたりした。

僕が取材で度々訪れていたホームレス村も、杭が打たれていた家まで流されており、壊滅的な状況になっていた。僕は言葉にできない喪失感を覚えた。

状況を俯瞰して確認すべく、橋の上に移動してみる。そこには川の様子を見にきた人が何人もいた。すると、大田区方面からゆっくり自転車をこいできた推定70代の男性が、僕の目の前で自転車を止め、欄干から下の様子を確認して「バチが当たったんだ」といった。

「家から、わざわざ自転車に乗って見にきたのよ!! こいつらが流されてるだろうと思って。案の定流されてた!! ざまあみろだ」

ひどいことというなあと思った。

その数日後、再び同地域を訪れた。大型の重機が何台も入り、工事を進めていたのだが、まだまだ序の口という感じだった。しかし川に向かって歩くと、真新しいブルーシートが張られた小さいテントがポツリポツリと建っているのが見えた。そのテントの前で焚き火をしている人がおり、そこには知った顔があった。以前にその場所で話を聞いたことがある50代のホームレスだ。彼は、台風前から河川敷に住んでいた人だった。

「大きい台風来るのわかってたからね、必要な物持って逃げてた。他は全部流されちゃった。まあ、流されて困るもんもなかったけど」

そう笑顔で話してくれた。たしかに彼らはあまり物を持っていない。物を失う時の苦しみはさほど大きくないのかもしれない。テントの周りには、新たに拾ってきた空き缶が積まれていた。もう、アルミ缶回収の仕事も、復帰しているようだ。終始笑顔で、くよくよしていないようだった。

「そもそもホームレスだからね。とにかく命があったら大丈夫だよ」

先日の暴言が頭をかすめた。どっこい流された人たちはたくましく、そして図太く生きていた。以前のような立派な小屋はまだ建てられていなかったが、ホームレス村の〝復興〟は文字通り一歩一歩だが、着実に進んでいた。しぶといな、と感心させられ、なんだかホッとした。

（注）

＊1―『日本都市学会年報』２００４年（日本都市学会編）収録の「ホームレス現象の深層　隅田川アウトリーチ活動の経過報告」（馬場佳久）

＊２―『墨田区ホームレス実態調査』平成17年３月（墨田区）（https://www.city.sumida.lg.jp/kuseijoho/sumida_info/houkokusyo/HLjittaityousa.files/HLjittaityousa1-3.pdf）

＊３―『都市公園』２００７年９月号（公益財団法人東京都公園協会）収録の「河川のホームレス対策について　隅田川流域の取り組みと成果」（浅沼宏一）

＊４―朝日新聞２００５年４月26日付、「週刊アサヒ芸能」２００５年３月10日号参考

＊５―産経ニュース２０１７年１月19日配信「畑だけでなく釣り桟橋まで…千葉・花見川の河川敷不法占有『増えた中国人』県が放置で歯止めなく」（https://www.sankei.com/premium/news/170119/prm1701190002-n1.html）、フジテレビ「とくダネ！」公式ブログ２０１６年11月28日「河川敷を不法占拠する〝ヤミ畑〟急増！中国語を話す女の自宅についていった」（http://fujitvforsugotoku.jp/tokudaneBlogDetail.php?tKey=tokudaneBlogDetail&b=tokudane-official&d=1641）

＊６―「探偵ファイル」２００７年６月14日（http://www.tanteifile.com/diary/2007/06/14_01/）、読売新聞東京朝刊２００７年６月６日付参考

＊７―「週刊宝石」１９９９年９月30日号、朝日新聞夕刊１９９９年９月28日付、朝日新聞朝刊２００６年６月28日付、産経新聞東京朝刊２００６年７月12日付参考

＊８―産経新聞大阪朝刊２０１４年７月13日付、産経新聞大阪朝刊２０１４年８月６日付、産経ニュース２０１５年３月11日配信参考

＊９―東京都水道局公式サイト「覚えてください！小河内ダム余水吐放流時のサイレン」（https://www.waterworks.metro.tokyo.jp/kurashi/shinsai/sairen.html）

おわりに

ホームレスを取材し始めてもう20年になる。著書も何冊か出しているので、次のような質問をされることもある。

「ホームレスってどんな人たちですか？」

こういう、ざっくりとした質問に答えるのは、なかなか難しい。「商社マンってどんな人たちですか？」「早稲田大学生ってどんな人たちですか？」などと同じである。

もちろん共通点はあるのだけど、やはり人それぞれである。詳しく話を聞いていけば、一人ひとりまったく違う。

東京、大阪といった大都会で長年生活している人の多くは、望むと望まざるとにかかわらず、幾度かホームレスと接触した機会があると思う。残念ながら、その接触が不愉快な思い出になっている人もいるかもしれない。

奇声を上げたり、奇行に走ったり、あまりに汚れた服を着ていたりする人は目立つ。周りの人はそれがホームレスだ、と思い込んでしまう。

「あいつら全員頭おかしいよね、なんとかならないの？」

「全員、集めて強制労働させるべきだよね。働けないならもう処分するべきだよね」

「奴らからは日本国籍を剥奪すべきだよ。それで全員国外追放したらちょっとはマシになるんじゃない？」

このような極端な意見をいう人も案外少なくない。社会的地位のある人や、マスコミの人がそういうことを平気で言い出して、ビックリすることもある。

もちろんそんな意見にはまったく賛成しかねるが、逆に、

「彼らは、全員本当は働きたいと思ってます」

「心が綺麗な人たちですよ。間違ってるのは私たちのほうですよ」

などと、やたらにホームレスを擁護・美化する人たちの意見にも賛成しかねる。頭の中にある「ホームレス理想像」に当てはめて考えるのはよくない。そこからはみ出る人だって、いっぱいいいる。

ただ、ルポを書く時は、ホームレスの共通部分を強調しないと記事にしづらい。その共通点といえるものの詳細は本書で指摘してきたのでそちらに譲るが、ひとついうならば、

普通に家に住む人よりは、会社や家族などといったものに縛られずに生きているという点が挙げられるだろう。財産もない、地位も立場もないが、社会から期待されることも頼られることもない。

これを「自由」と取るか「孤独」と取るかは難しいところだ。それこそ本人が楽しんでいれば「自由」だし、本人が不幸だったら「孤独」だといえるだろう。

話を聞いていると、もちろん「つらい」と語る人はたくさんいるが、案外楽しげに暮らしている人も多い。そして、自分の立場をわきまえており、目立たぬように、それなりに真面目に、それなりに自堕落に、粛々と生きているという印象を覚える。

僕が取材を始めた頃には、「本当はホームレス生活をしたくないのに、している人」がたくさんいた。上野公園やその周りに何百人も住んでいた頃だ。一旦、ホームレスになってしまうと、なかなかそこから抜け出せないシステムだった。したくないのに野宿生活をしているのは、不幸である場合が多いといえるだろう。

しかし、平成を通じて、政策や国民意識も変わり、ホームレスの状態から抜け出すことはだいぶたやすくなった。現在、ホームレスをやっている人の少なくない人たちは、ホームレスでいること、ホームレスとして生きることを選んだ人たちだ。彼らが、彼らの生きたいように生きることは、多くの人にとってはどうでもいいことだろう。だが、そういう寛容性はなくなってきているように思える。本書でも指摘したように、平成という時代を通じてホームレスは公園や駅では基本的に住むことができなくなった。

　現在は住むことが許されている河川敷も、国や自治体が本気を出せば立ち退かせることができる。彼らの「自由でありたいと思う気持ち」など塵芥だ。強制的に住処を与えたり、病院に閉じ込めたりすれば、街で彼らを見ることはなくなる。ホームレス生活をしたいと思ってその道を選んだ人にとっては迷惑千万の話だ。

　その一方で、取材をしていると、彼らに対する暴力の話を耳にする。若者が河川敷に住むホームレスを襲ったり、酔ったサラリーマンが彼らに暴力を振るったりする事件は、毎年この国のどこかで起きている。また、あこぎな貧困ビジネスも後を絶たない。彼らをそのような理不尽な暴力から守るためには、ホームレス生活をやめさせるのが早い。だからそういった政策は間違っている、とも言い切れないだろう。

　ホームレスでいることは、よいことなのか、悪いことなのか、はっきりはいえない。そして、はっきりいうべきだとも思わない。ただなんとなく、徹底的にホームレスを排除する国・社会は、あまり幸せではないような気がするというのが僕の見解だ。

ホームレス問題は真面目に、でも寛容に考えていくのがよいと思う。

２０２０年５月

村田らむ

著者略歴

村田らむ《むらたらむ》

一九七二年、愛知県名古屋市生まれ。
ライター兼イラストレーター、漫画家。
ゴミ屋敷、新興宗教、樹海など、「いったらそこにいる・ある」をテーマとし、
ホームレス取材歴は二〇年を超える。
著書に『ホームレス・スーパー列伝』（ロフトブックス）、
『禁断の現場に行ってきた!!』（鹿砦社）、
『ゴミ屋敷奮闘記』（有峰書店新社）、
『樹海考』（晶文社）、
丸山ゴンザレスとの共著に『危険地帯潜入調査報告書』（竹書房）がある。

幻冬舎新書 591

ホームレス消滅

二〇二〇年五月三十日 第一刷発行

著者 村田らむ
発行人 志儀保博
編集人 小木田順子
編集者 山口奈緒子
発行所 株式会社 幻冬舎
〒一五一―〇〇五一 東京都渋谷区千駄ヶ谷四―九―七
電話 〇三―五四一一―六二一一（編集）
〇三―五四一一―六二二二（営業）
振替 〇〇一二〇―八―七六七六四三
ブックデザイン 鈴木成一デザイン室
印刷・製本所 中央精版印刷株式会社

Printed in Japan ISBN978-4-344-98593-3 C0295
む-4-1
幻冬舎ホームページアドレス https://www.gentosha.co.jp/
＊この本に関するご意見・ご感想をメールでお寄せいただく場合は、comment@gentosha.co.jp まで。

幻冬舎新書

加害者家族
鈴木伸元

犯罪の加害者家族は失職や転居だけでなく、インターネットでの誹謗中傷、写真や個人情報の流出など、悲惨な現実をまのあたりにする。意外に知られていない実態を明らかにした衝撃の一冊。

中高年ひきこもり
斎藤環

40〜64歳のひきこもりは推計61万人。家族の孤立、孤独死・生活保護受給者の大量発生等、中高年ひきこもりはいまや日本の重大な社会問題だ。ひきこもりとは何か。何が正しい支援なのか。第一人者が解説。

47都道府県の歴史と地理がわかる事典
伊藤賀一

各都道府県の歴史・地理をコンパクトながら深掘り解説、経済活動や伝統文化等に加えて、全都道府県に足を運んで集めた「鉄板ネタ」「地雷ネタ」まで盛り込んだ、読んで楽しく役に立つ画期的な事典。

人間の本性
丹羽宇一郎

古今東西の哲学者は「人間とは何か」を探求し続けている。この深遠な問いに対し、伊藤忠商事元会長、元中国大使で稀代の読書家でもある著者が、その豊富な人生経験から考察した一冊。